# 들어라!
# 미국이여

카스트로 연설모음집

# 들어라! 미국이여

## 카스트로 연설모음집

강문구 옮김 · 이창우 일러스트

산지니

이 도서의 국립중앙도서관 출판시도서목록(CIP)은
e-CIP 홈페이지(http://www.nl.go.kr/cip.php)에서
이용하실 수 있습니다.(CIP 제어번호 : CIP 2007000580)

이 책은 2000년 1월에서 2001년 11월에 걸친 카스트로의 연설과 인터뷰 중에서 예리하고 간략한 것들만 선별한 것이다. 그 중에는 베네수엘라, 파나마, 쿠바, 미국, 남아프리카 공화국 등에서 행한 연설도 있다. 또한 2000년 유엔에서 개최된 밀레니엄 정상회담, 2001년 남아프리카공화국 더반(Durban)에서 개최된 인종차별주의에 대한 회의에 참가해서 행한 획기적인 연설 등도 포함되어 있다.

여기서 쿠바 지도자는 현재의 세계경제정치 질서를 신랄하게 비판하고 있다. 미디어 조작과 미국 헤게모니가 판을 치는 이러한 암울한 시대에 피델 카스트로의 음성은 반드시 회자될 필요가 있는 제3세계의 목소리다. 이 책 마지막 두 편의 글인 2001년 9월 22일과 11월 2일에 행한 카스트로의 연설에는 특별한 주석이 필요하다. 여기서 카스트로는 테러리즘과 전쟁, 이 두 가지에 반대해서 전 세계가 단합할 것을 요청하고 있다. 이는 미국에서 발생한 2001년 9월 11일 테러주의자의 공격뿐만 아니라, 발발 직전의 아프가니스탄 침공전쟁에 직면하여 정의와 평화를 요구하는 외침이었다.

그 외침들은 결론의 토대가 되는 침울한 주석이지만, 세계 경제 사회질서의 근본적 변혁을 촉구하는 이 책의 전반적인 내용보다 도전적 성격이 약하지도 않다.

이 책은 아바나의 에디토라 폴리티카(Editora Politica)사 (社)와의 협력 하에 출간되었다. 이 출판사 편집장 산티아고 도르께스(Santiago Dorques)는 이 프로젝트를 위해 지지와 격려를 아끼지 않았다. 이 책은 2000년에 출간된, 역시 피델 카스트로의 저작인 『위기하의 자본주의: 오늘날의 세계화와 세계정치(*Capitalism in Crisis: Globalization and World Politics Today*)』라는 이전 프로젝트의 연속이다. 이 책의 독자들에게 이전 저작을 참고할 것을 강력하게 추천한다.

마지막으로 오션 프레스(Ocean Press)사(社) 웹사이트는 세계질서에 도전하고 세계평화와 사회정의를 위해 투쟁하고자 하는 이들에게 귀중한 자료를 제공하고 있다. 이 홈페이지가 스스로 밝히고 있듯이, 이는 진보적 변혁의 사상들인 바, 이 곳(www.oceanbooks.com.au)은 방문해 볼 가치가 충분하다.

알렉스 키블(Alex Keeble)

# 역사의 종말과 사회주의 체제의 흥망성쇠, 밀레니엄 시대의 쿠바와 카스트로는 어떤 의미로 다가오는가?

옮긴이의 말

사회주의 국가들이 쓰러지고 혁명이라는 말이 먼 과거 지사의 아련한 전설처럼 들리는 이 때에, 오랜 세월 속에서 진보를 자처하는 많은 그룹과 인간들이 그 반대편의 그룹이나 인간들 못지않게 온갖 실책을 저질러 진보라는 이름이 가끔은 욕으로 들리는 이 때에, 김일성과 쌍벽을 이루던 피델 카스트로, 이제 세계사에서 가장 장수하는 사회주의 독재체제의 수장으로 기억될 카스트로의 음성을 전하려니 감회가 복잡다단하다.

1999년에 쿠바를 방문할 기회를 가졌다. 경남대학교와 중앙일보사가 공동 기획한 '밀레니엄 기획특집: 세기를 넘어, 대결에서 대안으로' 중 해방신학과 종속이론의 현장을

7

찾아가는 여행에서였다. 쿠바에 관한 책을 현재 집필 중에 있고 그 속에서 좀 더 자세하게 언급하게 되겠지만, 쿠바는 한마디로 생각보다 너무 자유롭고 너무 분방해 보였다. 아마도 사회주의 체제를 폐쇄된 사회로 간주하는 습관 때문인지, 아니면 오랜 기간 북한에 대한 이미지 때문이었는지, 폐쇄되고 음산하고 칙칙한 그림을 상상했던 역자에게 펼쳐진 쿠바의 아바나와 몇몇 도시, 농촌의 모습들은 기대 이상이었다. 아바나와 인근 도시(체 게바라 시신이 이장되어 있던 산타클라라 등지)에서 만난 쿠바인들은 비록 가난해 보이기는 했지만 활기차고 낙천적으로 보였다. 당시 부에나 비스타 소셜 클럽이 소개되기 이전인데, 우리 일행이 우연히 만난 아마추어 악단들의 연주도 놀라웠다. 이제 쿠바 방문이나 여행은 하나의 의미 있는 흐름이 된 듯한 분위기다.

쿠바에 대한 여행기와 쿠바에 대한 사회과학적 논문 그 사이의 형식을 모색하면서 저서를 준비하는 과정에서 카스트로의 저작과 연설집 등을 접할 수 있었다. 정치가나 혁명가의 연설은 일반적으로 너무나 수사적이고 자화자찬식이고 해서 심드렁하게 읽어가다, 우리가 흔히 알지 못하는 카스트로 사유 사상의 뭔가가 있음을 발견했다. 그 오랜 기간, 미국과 반 카스트로 단체와 반 쿠바세력과의 지리한 투쟁 속에서, 쿠바와 쿠바혁명을 방어하고 그의 조국의 발전을 모색하면서 카스트로가 느끼고 토로한 사유를 짚어가면서 역자는 몇 가지 점에서 혼돈스러웠다. 첫째, 물론 수사적 측면이 있겠지만, 정치적 억압이나 탄압에 대한 그의 확고부동한 부정이었다. 혁명 직후부터 미국의 반혁명 공세와 제재 등을 고려하고, 쿠바가 처했던 열악한 조건과 환경들을 염두에 둘 때, 만약 카스트로의 주장처럼 낮은 정도의 인권탄압이 사실이라면 이는 아주 높은 평가를 받아야 할 것이다. 쿠바 방문시 느꼈던 자유로운 분위기가 이런 정치적 환경과 관련이 있다면……. 하여간 일부 공산주의 국가들에서 실현되지 못했던 일정한 인권존중의 전통이 존재한다면, 그 열악한 대외관계 속에서 혁명을 건설해 온 쿠바정권은 조금은 후한 평가를 받아야 되는 건 아닌지?

　다른 무엇보다도 의료복지와 연관된 쿠바 정부의 의료혜택과 의료지원에 대한 쿠바 정부의 노력은 실로 대단해 보였다. 과연 그렇게 열악한 경제 상황 속에서 라틴아메리카는 물론 어느 선진국에 못지않은 의료복지와 대외적 의료지원 사업 등은 현실적으로 납득하기 힘들 정도로 이상주의적으로 보였다. 또 만약에 앞서 언급한 일반 국민들의 인권존중에다 의료복지혜택마저 제공되었다면, 이는 또한 사회주의 쿠바의 중대한 업적과 공헌이 아니겠는가? 물론 카스트로 체제는 일인 독재체제의 덫으로부터 자유롭지 못하고, 정치사회적 민주주의에 대한 그의 관심은 아직은 빈약해 보인다. 그리고 그는 현재 중병설에 휩싸여 있다. 하지만 쿠바의 정치전통에는 분권적 전통과 복수지배체제의 흔적이 다분하여, 포스트 카스트로체제의 자유화 개방화 전망이 그리 어둡지만은 않은 것으로 보인다. 이런 상황에 대한 이해가 쿠바와 카스트로의 사상 등을 제대로 접근하는 데 도움이 될 것 같은 바람으로, 책 말미에 '포스트 카스트로 체제에 대한 몇가지 단상' 이라는 역자의 논문을 첨부했다.

거의 나의 일생만큼이나 오래된 쿠바 혁명의 세월 속에, 미국과의 오래된 대치와 대결 국면 속에, 젖줄이나 다름없던 소련을 몰락을 지켜보면서 여전히 혁명의 현실적 제약과 이상적 명분을 거듭 주장해 가는 노혁명가 카스트로의 음성은 예전보다는 다소 쇠잔해졌지만, 녹슬지는 않은 것 같다. 특히 또 다른 테러를 불러일으킨다고 우려하던 미국의 반테러주의 히스테리를 분석하고 평화를 역설하고, 시종일관 아프리카와 라틴아메리카 오지의 의료지원과 의료사업을 주장하고 감행하는 그의 행보는 너무나 특이하고 혼돈스럽다. 1998년 쿠바를 방문한 교황 바오르 2세는 콜럼버스가 자신이 발견한 땅 중에서 가장 아름다운 땅이라고 한 쿠바를 방문할 수 있게 해 준 하나님에게 감사하다고 말하자, 카스트로는 가톨릭과 쿠바 공산주의는 방식은 다르지만, 추구하고자 하는 이상과 꿈은 동일하다고 역설했었다. 이 노혁명가의 지칠 줄 모르는 이상과 불굴의 투쟁정신, 너무나 다른 시대에 우리가 사는 건 아닌지?

부연컨대, 우리나라도 쿠바와의 관계 개선에 많은 노력을 기울이고 있는 것으로 알고 있다. 아직까지 공식적인 외교관계는 수립되지 않았으나, 1996년부터 우리 기업들이 아바나에서 개최되는 국제박람회에 매년 참가하고 있으며, 2005년 9월에는 KOTRA 아바나 무역관이 문을 열었다. 특히 올해부터 현대중공업의 발전기 수출이 시작되어 대 쿠바 수출규모가 연간 4억불이 넘을 것으로 기대되고 있다. 또 2007년 초에는 쿠바의 신지폐에 한국기업관련 사진이 도입된다는 외신도 들어와 있다. 우리와 쿠바 사이에 여하간 해빙의 물결이 밀려들고 있음은 분명해 보인다. 우리나라는 쿠바와 수교를 맺지 못한 미국, 이스라엘과 더불어 3개국에 속한다. 미국과의 우호적인 관계를 유지하되, 쿠바와의 관계 개선을 통해 탈냉전시대의 '외딴 섬들'을 화해와 평화의 물결로 이끄는 데 일조하기를 바라는 마음 간절하다.

강문구

2007년 2월

차례

# 1

## 오늘날,
## 쿠바와 쿠바혁명의
## 의미에 대하여

유네스코 전 총재, 페데리코 마요르 사라고사
(Federico Mayor Zaragoza)와의 인터뷰

2000년 1월 28일

흔히 사람들은 남아프리카공화국의
인종차별에 대해서 자주 얘기하곤 합니다.
하지만 오늘날 우리는 전 세계에 만연해 있는
인종차별에 대해 얘기해야 합니다.
이 세계에는 40억이 넘는 인류가 최하의
기본권마저 박탈당한 채 살고 있습니다.

# 오늘날, 쿠바와 쿠바혁명의 의미에 대하여

유네스코 전 총재, 페데리코 마요르와의 인터뷰

2000년 1월 28일

마요르　　중국, 베트남, 북한과 더불어 쿠바는 사회주의의 마지막 보루로 간주되고 있다. 베를린 장벽이 무너진 지 10년이 된 지금, '사회주의' 라는 용어는 아직도 의미가 있는가?

카스트로　　나는 과거 어느 때보다 오늘날 사회주의가 더 중대한 의미를 가진다고 확신한다. 10년 전 베를린 사건은 더 진보될 필요는 있지만 파괴될 필요는 없었던, 엄청난 사회 역사의 과정이 나이브하고 부지불식간에 파괴된 사건이었다. 히틀러의 군중들이 2천만 명이 넘는 소비에트 인민을 살상하고, 그 영토 절반을 황폐하게 만들었지만 그들은 사회주의를 파멸시키지 못했다. 10년 전 세계는 단일 초강대국의 보호 아래 남겨지게 되었는데, 그 초강대국은 파시즘과의 전쟁에서 소연방이 감당했던 희생의 5퍼센트도 하지 않았다.

쿠바에는 지침을 제시하기는 하지만, 후보 선출이나 선거에는 직접 관여하지 않는 통합된 국가와 당이 있다. 지방회의에 모인 국민이 후보를 선출하고 14,686지역의 의원을 선출한다. 이것이 선거제도의 기초다. 이 의원들은 군(Municipio)회의를 구성하고, 구(Provincia)회의 및 국가회의(각 단위에서 국가권력의 최고기관) 후보를 선출한다. 비밀투표를 통해 선출된 의원들은 각 구역에서 50퍼센트 이상의 유효표를 확보해야만 한다. 투표가 강제적이지는 않지만 투표권이 있는 선거인 95퍼센트 이상이 선거에 참여한다. 전 세계 많은 사람들은 이런 사실을 쉽게 확인할 수 있다.

요란하게 다당제를 옹호하는 미국에는 수단, 목표, 목적이 너무나 비슷한 두 개의 정당이 있다. 따라서 미국은 실제로는 세계에서 가장 완벽한 일당체제를 구성하고 있는 것이다. 소위 그 '민주국가'에서 국민의 50퍼센트 이상은 아예 투표조차 하지 않고 있으며, 가장 돈을 많이 낸 정당이, 겨우 25퍼센트의 득표율로 승리하는 경우가 많다. 정치체제는 비방, 허위사실, 개인적 야심이나 이미 확고하게 정해진 경제사회 모델 안에서 활동하는 이익단체에 의해 훼손되어 체제변화를 위한 진정한 대안은 찾아볼 수 없다.

카리브 지역에 있는 영어권의 소국들이 독립했을 때, 그 국가들은 합의가 존재하는 한에서만 여당이 계속 집권하는, 더 효율적인 의회 제도를 정착시켰다. 이 나라들은 미국을 모델로 대통령제를 채택한 다른 라틴아메리카 나라들보다 훨씬 더 안정적이다.

자본주의 하에서, 심지어 가장 발전한 선진국에서조차 실제로 국가를 지배하는 주체는 거대기업과 국제기업이다. 그 기업들이 투자와 개발에 관한 결정을 내린다. 그 기업들이 상품생산, 핵심 경제서비스, 대부분의 사회서비스를 담당하고 있다. 국가는 단지 세금을 거두고, 그리고는 그 세금을 분배하고 지출할 따름이다. 이런 국가들에서는 정부 전체가 휴가를 가도 어느 한 사람 사실을 눈치 채지 못한다. 선진 자본주의 체제가 나중에 근대 제국주의를 초래하기도 했는데, 현재는 실현 불가능한 신자유주의 세계질서를 강요하고 있다. 그 체제는 실질생산과는 전혀 무관한 허구의 부와 주식이 창출되는 투기세계를 만들어 냈다. 그 체제는 가난한 십여 개 국가의 국내총생산액을 능가하는 어마어마한 사적 부를 창출했다. 이것만 가지고는 세계자원의 약탈과 낭비, 혹은 수십억 인류의 처참한 생활을 짐작할 수도 없다. 이 체제가 인류에게 제공할 수 있는 것이라고는 아무 것도 없다. 이 체제는 자멸로 귀결될 수밖에 없으며 그와 더불어 이 지구상의 인간의 생명을 지탱시킬 수 있는 자연조건마저도 파멸시킬 것이다.

일부 도취감에 젖은 몽상가들이 예측한 역사의 종말이란 아직까지 오지 않았다. 아마 이제 막 역사의 종말이 실제로 시작되었는지 모르겠다.

마요르    혁명 이후 41년이 지난 지금, 그 혁명이 겪었던 모든 어려움에도 불구하고 당신이 구축한 체제가 아직도 버티고 있다. 이렇게 오래 버티는 이유는 무엇인가?

카스트로    국민과 더불어, 또 국민을 위한 쉼 없는 투쟁과 노동 때문이다. 우리가 신념을 가지고 행동해 왔다는 사실, 우리가 인간을 신뢰하고, 우리 조국의 주인이 아니라 종이 되고자 했던 신념이 그 해답이다. 우리는 굳건한 원칙에 근거해서 건설해 가고, 불가능해 보이는 조건에서조차 해결책을 추구하고 만들어 가며, 정치 및 행정상의 최고 책임을 맡고 있는 자들의 지고지순한 정직을 믿는다. 요컨대 우리는 정치를 경건한 의무로 변화시킬 수 있다고 믿는다. 이러한 답변은 특히 우리 조국과 현 역사 시점과 연관된 다른 문제들은 유보하는 것이 되기 때문에 충분한 답변이 되지 않을지도 모르겠다.

　　물론 많은 사람들은 쿠바가 사회주의 캠프와 소연방 몰락 사태를 헤쳐 나가지 못할 것이라고 생각했다. 국제통화기금(IMF)이나 세계은행(World Bank) 없이, 그 세계기구들이 제공하는 금융수단 없이, 초유의 최강대국이 개시한 이중 봉쇄와 경제 정치 전쟁에 어떻게 버텨나갈 수 있는지에 대해 분명 의아해 할 것이다. 하지만 우리는 이러한 위업을 가까스로 성취해 왔다. 최근 아바나에서 개최된 정상회의에서 내가 "쿠바는 국제통화기금의 회원국이 아니라는 특권 때문에 그러한 위업의 성취가 실제로 가능했다"고 그 정상들에게 한 말은 다소 아이러니하게 들렸을 것이다.

　　쿠바가 유통하는 통화의 바다에서 헤엄치던 적도 있었다. 쿠바 통화는 비정상적으로 평가절하되었고, 재정적자는 쿠바 국내총생산의 35퍼센트에 육박했다. 나는 그러한 충격에 거의 현기증을 일으키는 인텔리 방문객들을 수없이 목격했다. 우리의 통화인 페소화는 1994년에 달러당 150페소까지 폭락했다. 그럼에도 불구하고 우리는 보건소, 학교, 탁아소, 대학 심지어 스포츠시설까지 단 한 곳의 문도 닫지 않았다. 또 연료와 원자재가 거의 바닥났을 때조차 국민들은 직장을 잃거나 사회보장을 박탈당하지 않았다. 서구 금융기관이 강력히 추천했던 통상적인 충격요법 정책의 흔적도 없었다.

　　그 끔직한 충격에 대처하기 위한 모든 조치는 (인민권력)

국가회의뿐만 아니라, 공장, 생산 및 서비스센터, 노동조합, 대학, 중등학교, 농민·여성·지역조직, 또 여타 사회조직에서 열린 수많은 집회에서 논의되었다. 분배할 것이라고는 별로 없었지만 우리는 가능한 모든 것을 평등하게 분배했다. 비관론은 나라 안팎에서 동시에 극복되었다.

그런 위기를 겪으면서도 그 시기에 의사 수는 두 배가 되었고, 교육의 질은 향상되었다. 1994년과 1998년 사이 쿠바 페소화의 가치는 1달러당 150페소에서 20페소로 일곱 배가량 증가했고, 그 이후 안정성을 유지했다. 단 1달러도 해외로 유출되지 않았다. 우리는 그러한 심각한 도전을 헤쳐 나갈 수 있는 충분한 경험과 효율성을 획득했다. 비록 생산과 소비가 유럽 사회주의 붕괴 직전의 수준에는 도달하지 못했지만, 우리는 꾸준하고 가시적인 속도로 점차 회복되어 가고 있다. 다른 많은 사회지표들은 물론이고, 우리 조국의 자긍심이었던 교육, 보건, 사회보장율은 유지되었고, 그 중 일부는 개선되었다.

이 과정에서 엄청난 희생과 무한한 신뢰를 보여 주었던 쿠바 국민들이 이러한 업적을 달성한 위대한 영웅이다. 우리가 살아남을 수 있었던 것은 40여 년의 혁명기 동안 뿌리내린 정의와 신념의 결과였던 것이다. 이 진정한 기적은 단합과 사회주의 없이는 불가능했을 것이다.

마요르  전 세계에서 일어나고 있는 세계화를 향한 거대한 움직임의 관점에서 보면, 쿠바경제를 세계를 향해 좀더 개방하는 것이 현명하지 않을까?

카스트로  우리는 가능하고 필요한 만큼 경제를 개방해 왔다. 우리는 유럽과 미국의 전문가들이 마치 성경 속의 선지자인 양 추종했던 다른 나라들처럼 비정상적이고 어리석은 행동은 하지 않았다. 우리는 민영화의 광기에 이끌려오지 않았으며, 국가재산을 탈취하거나 측근들에게 양도하기 위해 국가재산을 몰수하는 식의 광적인 행동은 더더욱 하지 않았다. 전(前)사회주의 국가와 비(非)사회주의 국가 모두에서, 세계적인 유행이 되다시피 한 신자유주의 철학의 경건하고, 관용적이고, 공모적인 방패 아래 이런 사태가 발생했음을 잘 알고 있다. 서구는 그 돈이 어디에 저장되어 있고, 횡령되거나 부패한 자금이 어떻게 되었는지 잘 알고 있지만 이에 관해서는 어느 누구도 말이 없다.

우리는 오늘의 혼돈스러운 세계와 그 철학에 쿠바를 끼워 맞추려는 어리석은 짓은 시도조차 하지 않았다. 우리는 발전과 존속을 위한 우리의 권리를 지키려고 다른 많은 제3세계국가들과 함께 투쟁하면서, 그러한 현실을 오히려 우리의 현실에 적응시키려 했다. 이것은 과거 식민지 국가들이 스스로를 구함과 동시에 제국주의 세력이었던 아주 부유한

23

소수 국가도 도울 수 있었던 것과 같은 방식이다.

마요르   쿠바의 사회적 · 문화적 차원의 성취를 부정하는 사람은 없다. 하지만 앞의 질문으로 돌아가서, 이러한 성취가 외부세계와의 교류 증대를 통해 더 촉진되지 않겠는가?

카스트로   우리가 누구도 부정할 수 없는 중요한 사회 진보를 이루어 온 것은 사실이다. 모든 어린이가 교육을 받을 수 있고, 문맹자는 한 사람도 없다. 또 대학의 발전은 대단하다. 수준 높은 연구를 수행하는 연구센터도 많다. 모든 어린이들이 예방접종을 13번이나 받고 있다. 다른 약과 마찬가지로 대부분의 예방접종약도 우리나라에서 직접 생산된다. 동시에 쿠바 의사들 수천 명이 라틴아메리카, 카리브 및 아프리카 지역 등의 황폐한 오지에서 종합 의료보건 프로그램 하에서 무상의료서비스를 제공하고 있다. 이것은 우리가 풍부한 인적 자원을 갖고 있기 때문에 가능한 것이다.

   우리는 최선진국에게 약품공급을 통한 협력을 권고했다. 또한 제3세계 청년들에게 우리 대학에서 의학 및 다른 전공분야를 공부할 수 있도록 장학금을 제공하고 있다. 종합 보건 프로그램에 참여하고 있는 아프리카 국가에서는 그 국가들이 필요로 하는 많은 의사를 종국적으로 수련할 수 있는 학교의 건설을 지원하고 있다.

거의 자원이 없는 제3세계 한 소국이라도 진정한 연대정신으로 무장할 때 얼마나 위대한 일을 이루어 낼 수 있을지 그 누구도 상상할 수 없었을 것이다. 당신 질문과 관련해서, 우리나라가 수행해 온 노력들이 외부세계와의 교류를 통해 더 발전하고, 쿠바 및 다른 나라 모두에게 유리한 결과를 가져오리라는 것은 의문의 여지가 없다.

마요르　소연방이 붕괴함으로써 쿠바에 대한 중요한 원조가 갑작스레 중단되었다. 동·서 대결이 끝났는데도 불구하고 경제봉쇄를 계속하려는 미국의 목적이 무엇이라고 생각하는가? 미국은 당신네 정부 형태에 영향을 미치기를 원한다고 생각하는가?

카스트로　미국은 혁명에 영향을 미치려고 하는 것이 아니라 혁명을 전복시키려 해 왔다. 고대 로마에서 원로원이 카르타고(Carthage, 북부 아프리카의 도시−옮긴이)의 전복을 주장했던 한니발(Hannibal) 시대와 꼭 마찬가지로 미국 정부가 극도로 집착하면서 추구해 온 구호는 쿠바의 전복이다.[1]

소연방 쇠퇴와 동유럽 사회주의 붕괴에 대해 너무 당황해서는 안 된다. 우리는 오래 전부터 그런 가능성을 국민들에게 경고해 왔다. 소연방과 동유럽 사회주의 국가들은 오래된 적에게 반복해서 어리석은 실책과 부끄러운 양보를 계속해 왔다. 그것은 분명하게 미래에 닥칠 비극의 전조가 되었다.

경제적 측면에서 보자면 쿠바는 심각한 손실을 계속 입어 왔다. 쿠바산 설탕가격은 불공정한 세계시장 가격에도 미치지 못했다. 그 가격은 미국이나 유럽이 이 설탕 수입에 적용하는 조건과 같은 특혜가격 수준이었다. 연료, 식품, 원자재, 기계설비 및 시설부품의 공급이 하루아침에 거의 모두 끊겼다. 일일 칼로리 섭취량은 3,000칼로리에서 1,900칼로리로, 단백질 섭취량은 80그램에서 50그램으로 줄었다. 일부 국민들은 이러한 난관에 힘들어했지만 대부분은 놀라운 용기와 위엄과 결단으로 이를 극복해 나갔다.

앞에서 말했듯이, 우리는 주요 업적을 계속 유지하기 위해 노력했고, 어떤 분야에서는 더욱 개선되기도 했다. 지난 10년 동안 영아사망률은 40퍼센트 감소되었고, 신진 의사 3만 명을 배출했다. 스포츠 분야에서 쿠바의 과학자, 전문가, 선수들의 해외 유출을 유도하는 미국과 다른 부자 나라들의 엄청난 압력에도 불구하고 우리 선수들은 올림픽에서 일인당 최다 금메달을 획득하면서 세계 정상의 자리를 지켰다.

마요르　　하지만 경제봉쇄의 지속은 쿠바 국민이 쉽게 극복할 수 있는 또 하나의 시험대는 아닌 것 같다.

**카스트로**　　물론 경제봉쇄는 쿠바인 개개인과 모든 쿠바인들에게 고통스런 부담이다. 제3세계 국가들과 유엔 회원국 대부분은 봉쇄의 해제를 계속 요구해 왔다. 그러나 헬름스와 버튼(Helms-Burton)의원의 주도하에 공화당 다수파의 많은 의원들이 협조하고, 심지어 토리첼리(Torricelli) 같은 일부 민주당 의원마저 지지하여, 미국의회는 현재 기준으로도 역사상 최장 기간 지속되고 있는 봉쇄의 해제를 반대했던 것이다.[2]

**마요르**　　미국이 모든 종류의 제약조건을 당신네 국가에게 강요하는 유일한 국가는 아니다. 유럽연합(European Union) 또한 유럽–쿠바 무역 관계에 '민주주의 조항'을 도입하고자 노력하고 있다. 이러한 시도에 대해서는 어떻게 생각하는가?

**카스트로**　　유럽연합이 다른 국가들에 대해서는 상대적으로 훨씬 미미한 '우려'를 표명한다는 것은 중요한 의미를 갖는다. 두말할 필요도 없이 그 국가들이 우리와 비교하여 훨씬 큰 경제적 이해관계를 갖고 있기 때문이다. 어떤 경우에든 모든 조건은 우리 조국의 양도 불가능한 원칙과 연관될 경우에는 수용할 수가 없다. 한 주권국가가 채택한 정치구조가 그러한 조건들에 좌우될 수는 없는 일이다. 쿠바가 쿠바

혁명에 관해 협상하거나 이를 매도하는 일은 결코 없을 것이다. 쿠바혁명은 혁명의 대가로 수많은 아들 딸들의 목숨을 지불했던 것이다.

그렇지 않을 경우 그 조건은 전적으로 '민주주의 조항'이 무엇을 의미하는가에 달려있다. 얼마나 많은 이른바 '민주' 국가들이 외채에 목메고 있는가? 얼마나 많은 국가들이 30퍼센트 이상의 국민들을 극빈상태에 살도록 방치하고 있는가? 왜 집 없이 거리를 배회하는 수만 명의 어린이와 무수한 문맹 국민을 가진 국가들이 우리보다 더 좋은 대우를 받아야 하는가? 우리는 도대체 왜 그래야 하는지 이유를 알 수 없다. 쿠바는, 미국은 말할 것도 없고, 유럽연합이 강요하는 정치적 조건을 결코 수용하지 않을 것이다. 이 점은 분명히 강조해야 한다.

유럽에 있는 어떤 나라가 군주제인지 공화제인지에 대해서, 그 집권세력이 보수주의, 사회민주주의, 혹은 목가적인 제3의 길 옹호자인지 혹은 좌파, 중도파, 우파인지, 아니면 실업이라는 불치병에 대한 진정제로 사용되는 이른바 '복지국가'의 지지자이건, 아니면 그 반대파이건 간에 상관하지 않는다. 우리는 스킨헤드족의 행동이나 신나치주의 경향의 분출에 대해 반드시 입장을 표명해야 할 필요성을 별로 못 느낀다. 물론 우리는 많은 쟁점에 대해 우리 자신의 신념을 가지고 있지만, 대 유럽관계에서 혁명적 조항을 도입하지는 않고 있다. 오히려 우리는 유럽인들 스스로 문제를 해결할 수 있기를 바란다.

마요르    매카시즘이 횡행한 이래 미국은, 공산주의 정권은 유해하고 전복되어야만 하는 유일한 정권이라고 간주해 왔다. 하지만 백악관은 소모사(니카라과), 트루히요(도미니카공화국), 두발리에(아이티) 등과 같은 정권은 아무런 주저 없이 수용했다. 당신은 이러한 '이중 기준' 접근에 대해 어떻게 생각하는가? (미국은 이와 같은 우익 독재정권에게는 좌파 정권에 비해서 지나칠 정도로 관대한 입장을 오랫동안 취해 왔다. 레이건 정부 당시 이러한 경향은 극에 달했으며, 당시 유엔대사였던 진 컬 패트릭의 '소모사 독재정부가 산디니스타 독재정권보다 낫다'는 발언은 유명하다─옮긴이)

카스트로    그러한 정책의 위선과 치졸함에 대해서는 깊이 파고들지 않는 것이 좋겠다. 그렇게 하려면 많은 시간이 필요하고 또 많은 역사적 사례를 참조해야 할 것이다.

  거짓말 생산 산업의 소비시장은 조만간 증발해 갈 것이다. 그 시장은 이미 증발 중이다. 우리가 진정 진실에 천착하고자 한다면, 제국주의뿐만 아니라 세계에 강요된 신자유주의 경제 질서와 세계화 과정의 정치적 의미는, 사상과 윤리와 관련해서는 외톨이가 되어 옹호될 수도 없다는 점을 깨달아야 할 것이다. 우리 시대의 주요 투쟁이 결정되는 것은 바로 이러한 영역에서다. 그리고 그 어떤 대안도 불가능한 상황에서 이러한 투쟁의 최후 결과는 진실의 편, 따라서 인간성의 편에 있을 것이다.

마요르     쿠바에서 민영화 과정은 어디까지 나아갈 수 있는가? 경제의 '달러화'와 연관해서 이것은 사회주의 및 한 국가의 통화주권에 대한 모욕 아닌가?

카스트로     나는 일찍이 민영화는 비이성적 행위를 피하면서 상식과 지혜를 통해서 이행되어야 한다고 언급한 바 있다. 서로 다른 종류의 노동은 구별될 필요가 있다. 어떤 노동은 고도로 개인적이고 종종 수공예적이다. 이런 경우 대규모 생산과 기술은 근본적으로 중요한 것이 아니다. 하지만 자본, 기술, 시장이 필요한 투자부문도 있으며, 이런 경우 외국기업과의 합병이 바람직하다. 쿠바에 속한 멕시코 만 십일만 평방킬로미터에 매장되어 있는 석유 잠재비축량은 외국 기술과 자본 없이는 독자적으로 탐사할 수도, 개발할 수도 없다. 하지만 국내에서 최고 품질을 수확하는 담배와 같은 특수작물—이러한 농업 유형은 헌신적이고, 거의 광적인 애호가들의 노동형태로서 이는 소규모 농지에서 수작업으로 할 수밖에 없다—을 생산할 경우 기계나 대기업이 개인적 노동을 대체할 수 없다. 이런 특수한 기술을 가진 사람들에게는 농사짓는 데 필요한 토지가 무상으로 제공된다. 이러한 형태를 고도로 기계화된 사탕수수 플랜테이션에 적용할 수는 없다.

쿠바의 농업 부문에는 상이한 소유형태가 존재한다. 즉, 개인소유, 협동농장 및 다양한 형태의 공동 소유제 등이 있다. 또한 조달과 마케팅을 맡은 국영기업들도 성공적으로 발전했다. 동시에 광범위한 경제 부문에는 손발이 잘 맞는 외국기업과 생산 및 마케팅을 같이 하는 합작기업도 존재한다.

민영화를 너무 단순하게 이해해서는 안 된다. 쿠바에서 기본 원칙은 이렇다. 즉, 만약 인민 전체나 집단의 소유권을 유지하는 것이 가능하고 바람직할 경우에는 민영화하지 않는다는 것이다.

우리의 이데올로기와 선호는 사회주의적이다. 이것은 어떤 형태이든 간에 자본주의 사회의 이기심, 특권, 불평등과는 전혀 무관한 것이다. 쿠바에서는 자산이 고위 관리직의 손으로 흘러들어 가는 일은 결코 없다. 그들의 동업자나 친구에게도 마찬가지다. 사회 전체의 이익을 위해 효율적으로 사용될 수 있는 것이 (쿠바인이든 아니면 외국인이든) 개인에게 흘러들어 가는 일은 결코 없다. 동시에 나는 세계에서 가장 안전한 투자는 쿠바정부가 허용한 것이라고 확신할 수 있는데, 이는 법과 국가의 신뢰도에 의해 보호받고 있다.

나는 경제의 '달러화'와 연관해서 두 가지를 말하고 싶다. 첫째, 세계경제가 현재 달러화되어 있다는 사실이다. 브레튼우즈 회의[국제통화기금과 국제부흥개발은행(IBRD)을 설립하기 위해 1944년에 열린 회의] 이후 미국은 세계경제의 준비통화를 발행할 수 있는 특권을 가지게 되었다. 둘째, 어떤 형태로든 국제통화기금의 영향을 받지 않는 쿠바 통화가 존재한다. 앞서 말했듯이 공식적으로도 그 통화의 가치는 일곱 배나 증가했다. 자본의 해외유출도 없었다.

동시에 달러와 동등한 가치를 갖는 태환성의 페소화가 도입되었는데, 그 통화의 자유로운 유통은 경제적 양보의 결과가 아니라, 단지 불가피한 필요성 때문이었다. 나는 앞으로 달러나 다른 외국 통화의 금지가 결코 필요하지 않을 것이라고 믿으며, 그 대신 많은 재화 및 서비스 지불을 위한 자유로운 유통은 혁명에 유리하다고 판단되는 한에서만 유지할 것이다. 우리는 그 유명한 '경제의 달러화'에 관해서는 아무런 관심이 없다. 우리는 우리가 무엇을 수행하고 있는지를 잘 알고 있다.

마요르    피델, 당신은 1997년 아바나에서 나에게 공식적으로 말했다. "페데리코, 오늘날 이제는 더 이상 혁명의 필요성이 존재하지 않는다. 현재 투쟁은 더 나은 공유를 위한 것이다. 우리 목표는 더 이상 계급투쟁이 아니라 정의롭고 평화로운 공존의 틀 안에서 계급들이 서로 화해하는 것"이라고. 3년이 지난 지금에도 같은 생각인가?

카스트로    내가 정확히 그렇게 말했는지 잘 모르겠다. 그 말은 내 신념과는 다소 거리가 있어 보인다. 아마도 억양이나 해석상의 오해가 아닌가 싶다.

얼마 전 나는 아바나에서 국제 경제학자들 회의에 참석한 적이 있다. 참가자들 중에는 외채상환액이 예산지출의 40퍼센트 이상을 차지하는 심각한 금융상황의 국가 대표들도 있었다. 그 나라의 과거 정부와 현 정부는 그러한 외채를 '아주 민주적으로' 도입했다. 현재까지 신자유주의의 치명적인 흔적이 각인된 필연적인 세계화 과정이 야기한 심각한 절망감이 분명 존재한다. 그러한 과정은 또한 지금까지 신자유주의의 결정적인 징후들을 특징으로 하고 있다. 그 회의에서 미주개발은행(Inter-American Development Bank)과 세계은행 대표들은 아주 자유롭게 자신들의 입장을 옹호했다. 하지만 참석한 많은 사람들에게 현재 지배적인 경제 질서의 지속 불가능한 속성에 관한 결론은 아주 분명했다.

가난한 나라와 부자 나라의 격차를 더 넓히고, 그 모든 국가들 내부에서 점점 더 심각해지고 있는 사회적 불평등을 양산해 내는 길을 따라 계속 갈 수는 없다. 따라서 현재 라틴아메리카 및 카리브 지역의 통합은 근본적으로 아주 중요하다. 이 반구에서 우리는 오직 협력을 통해서만 우리의 역할에 관해서 논의할 수 있다. 동일한 논리가 막강하고 탐욕스러운 부자 나라들과 마주하는 제3세계 국가들에게도 똑같이 적용된다. 나는 종종 그러한 국가들의 통합과 협력은, 개별 국가들 내부에서 심대한 사회변동이나 사회혁명이 일어날 때가 되면 이미 늦었다는 점을 강조해 왔다.

나는 현재의 세계경제 질서는 지속될 수 없기 때문에, 주식이 유지될 수 없는 수준까지 인플레되고 미국의 증시가 붕괴되면서 야기된 1929년의 대재앙보다 훨씬 심각한 파국에 직면할 것이라고도 언급했다. 열정적이고 경험이 아주 풍부한 미국연방준비은행장 그린스펀(Allan Greenspan)— 그는 투기시스템의 통제 불능, 예측 불능의 룰렛 바퀴로부터 나오는 통계수치에서 한시도 눈을 뗄 수조차 없는데, 이 투기체제에는 미국가정 50퍼센트가 저축한 돈을 투자하면서 가세했다—조차 이러한 위험이 존재하지 않는다고는 감히 말하지 못했다. 그러한 위험을 예방할 수 있는 대비책은 아직 만들어지지 못했고, 그러한 시스템 안에서는 가능하지도 않다.

나는 사람들이 이러한 현실을 직시할 필요가 있다고 거

듭 주장한다. 사람들이 준비되기도 전에 붕괴가 발생할 수도 있다. 변화는 사람의 머리에서 시작되는 것이 아니다. 모든 두뇌들은 필연적인 변화를 위해 준비해야 하고, 그 변화는 아주 다양한 형태로, 아주 다양한 경로를 밟을 것이다. 나의 관점에서 볼 때, 이러한 변화는 근본적으로, 그 누구도 막을 수 없는 민중의 행동으로부터 나올 것이다.

그럼에도 불구하고 그 어떤 일도 쉽지는 않을 것이다. 이른바 정치계급의 맹목성, 피상성, 비책임성 때문에 그 길은 더욱 어려울 것이지만, 그렇다고 해서 불가능한 것은 아니다.

마요르   다가오는 20년 안에 가난한 사람들이 좀더 나은 삶을 살아갈 수 있는 희망은 존재하는가?

카스트로   인류는 이제 각성하기 시작하고 있다. 시애틀과 다보스에서 어떤 일이 일어났는지 보라.

사람들은 금세기에 발생했던 대재앙과 대학살의 공포에 대해서는 자주 말하지만, 지금 우리가 논하고 있는 경제 질서 때문에 수천만 명이 굶어죽거나, 치료가능한 병인데도 죽어 가고 있다는 사실은 자주 잊어버린다. 그들은 표면상으로 성장했다는 통계를 가지고 큰소리치지만, 결과적으로 제3세계 국가들의 현실은 전혀 나아지지 않았으며, 심지어 더 악화되고 있다. 성장은 종종 진정한 발전이나 더 나은 부의 분배에는 아무런 기여도 하지 못하는 소비재의 축적에만 의존한다. 신자유주의가 판을 치는 몇 십 년 이후에 부자는 더욱 부유해지는 반면 가난한 자는 더 많아지고 더 가난해질 것이다.

마요르    2000년 4월에 아바나에서 개최된 77그룹(Group of 77) 정상회담에서 당신은 국제질서의 개혁에 관한 일련의 아이디어를 제시했다. 그러한 제안은 여전히 유효한가?

카스트로    나는 그 회담에서 극빈국 외채의 상환취소와 많은 국가들 외채의 상당부분 면제를 주장했다. 또한 국제통화기금의 폐지도 주장했다. 지금이야말로 제3세계 국가들이, 세계경제 안정을 더 이상 보장하지 못하는 체제로부터 해방을 요구할 때다. 전반적으로 볼 때, 나는 위선적인 신자유주의 정책이 모든 저발전국가, 특히 라틴아메리카와 카리브 국가들에 미치는 치명적인 악영향을 비난하지 않을 수 없었다. 나는 현재 세계경제 질서가 자행하는 학살행위를 처벌하기 위해서는 제2의 뉘른베르크(Nurenberg) 재판이 필요하다고 주장했다.[3]

마요르    그것은 다소 과장 같은데!

**카스트로**　그렇지 않다. 오히려 다소 과소평가된 것인지도 모른다. 정확성을 기하기 위해 나는 남반구 정상회의 폐막 연설 가운데 몇 구절을 인용해 보겠다.

"흔히 사람들은 남아프리카공화국의 인종차별에 대해서 자주 얘기하곤 한다. 하지만 오늘날 우리는 전 세계에 만연해 있는 인종차별에 대해 얘기해야 한다. 이 세계에는 40억이 넘는 인류가 최하의 기본권마저 박탈당한 채 살고 있다. 즉, 생명, 건강, 교육, 깨끗한 물, 음식, 주거, 고용, 미래에 대한 희망의 권리를 박탈당하고 있는 것이다. 현재 추세대로라면 우리는 인간의 삶에 꼭 필요한 것들을 오염시키고, 주거를 파괴하는 과도한 소비사회에 의해 점점 더 오염시켜 갈 것이며, 그 결과 숨쉬는 공기마저 곧 박탈당할지도 모른다."

"부자 나라들은 저발전과 빈곤의 원인이 우리 국가들을 수백 년 동안 예속시켰던 노예제, 식민주의, 잔인한 착취라는 사실을 망각하려고 애쓴다. 그들은 우리를 열등한 국민으로 간주한다. 그들은 우리가 겪고 있는 빈곤을, 발전을 이룩하지 못하거나 심지어 통치하지 못하는 아프리카인, 아시아인, 카리브인, 라틴아메리카인, 요컨대, 흑인종, 황인종, 원주민, 혼혈인들의 무능력 탓으로 돌린다."

"나는 선진국들에 의해 강요된 현재의 경제 질서가 잔인하고, 불공정하고 비인간적이며, 역사의 필연적 경로에 반

37

(反)하는 것일 뿐만 아니라, 근본적으로 인종차별적이라고 확신한다. 그 경제 질서는 이전에 나치 대학살과 유럽의 강제수용소를 부추겼던 것과 같은 인종차별주의 사상을 반영하고 또한 오늘날의 제3세계 난민촌에 그대로 드러나고 있다. 빈곤, 기아, 폭력의 효력을 집중시키는 데 실제로 기여하고 있는 것은 아프리카의 인종차별적 증오체제를 고무시켰던 바로 그 인종차별주의 사상이다."

"우리는 가난한 나라들의 가장 신성한 권리를 위해 투쟁하고 있다. 하지만 우리는 또한 인간의 모습을 잃어버리고 있는 제1세계의 해방을 위해서도 투쟁 중이다. 제1세계는 모순과 자기중심의 이익에 압도되어 세계는 말할 것도 없고 스스로도 통제할 수 없는 상태에 있다. 제1세계의 지도력은 민주적으로 공유되어야만 한다. 우리는 지구상의 인류를 보존하기 위해서 투쟁하고 있는 중이다(이는 통계로 증명할 수도 있다)."

페데리코 동지! 요컨대 우리들의 생존 즉, 부유하거나 가난하거나 간에 모든 국가들의 존속을 위해 투쟁하는 것은 아주 시급한 과제다. 왜냐하면 우리 모두는 한 배에 타고 있기 때문이다. 이 점에 관해서 나는 정상회의에서 미묘하고 복잡한 쟁점과 연관된 아주 구체적인 제안을 내놓았다. 즉, 20여 년 전 베네수엘라와 멕시코가 서명한 산호세협정의 내용과 유사한, 저발전국에 대한 특별(석유)가격을 제3세계 산

유국들이 허용할 것을 제안했던 것이다. 산호세협정으로 인해 예전에 중미와 카리브 국가들은 더 좋은 조건에서 석유를 구입할 수 있었다.

**마요르**　　유엔에 대한 당신의 견해는 비판적인가?

**카스트로**　　전혀 그렇지 않다. 유엔의 구조가 시대착오적이라 생각하긴 하지만, 무조건 비판만 하지는 않는다. 55년의 세월을 지나면서 조직을 재정비하는 것은 필수적이다. 유엔은 그 이름값을 해야 한다. 회원국들은 인간적이고 장기적인 목표를 통해 진정으로 통합되어야 한다. 큰 나라든 작은 나라든, 또 선진국이든 저발전국이든 간에 모든 회원국은 실제로 자기주장을 할 수 있어야 한다. 유엔은 모든 견해를 표현하고 논의할 수 있는 대 공론의 장을 만들어야 한다. 유엔은 진정으로 민주적인 토대 위에서 작동해야 한다. 77그룹이나 비동맹운동의 국가들이 이 유엔체제 안에서 활동하는 것은 중요한 의미를 가진다.

　　유엔의 구조는 현재 세계에서 주요한 역할을 할 수 있게끔 변해야 한다. 예를 들어 사회발전은 현재 제3세계에서 가장 시급한 요청 중 하나다. 또 세계은행의 임무는 금융위기를 해소하는 것이 아니라 사회발전을 촉진하기 위한 기금을 배분하는 것이다. 그러한 발전의 부재가 우리 시대 최대의 비극이다.

마요르     세계지도를 보면 당신은 어떠한 변화를 이루고
싶은가?

카스트로     한편으론 지나치게 부유하거나 낭비적인 국가도
없고, 극심한 빈곤에 허덕이는 국가도 없는, 인간의 가치가
실현되는 세계를 그리고 싶다. 다른 한편으로 모든 정체성
과 문화가 보존되는 세계, 정의와 연대가 함께하는 세계, 약
탈, 억압, 전쟁이 없는 세계, 자연이 보호되고, 오늘날 지구
상에 살고 있는 대다수 인류가 존속하고, 발전하고, 그러한
능력과 노동이 창출해 낸 정신적 · 물질적 부를 향유할 수
있는 세계를 그리고 싶다. 내가 그리는 세계가 자본주의 철
학이 결코 만들어 낼 수 없는 세계임은 두말할 필요도 없다.

마요르     전체적으로 라틴아메리카의 발전에 대해서는 어
떻게 생각하는가?

카스트로     나는 사회발전과 정치통합에 있어서 대략 200년
정도의 세월을 상실했다고 생각한다. 일부 라틴아메리카 국
가들은 현재 40년 이상 경제봉쇄를 당해 온 쿠바보다 훨씬
풍부한 경제자원을 가지고 있다. 하지만 자세히 보면 이러

한 국가들 중 상당수 국가에서 국민의 3분의 1가량이 문맹이고, 수백만 명은 몸을 눕힐 지붕도 없으며, 외채는 심각하고, 발전이란 것도 실제로 불가능한 것으로 입증되고 있다.

라틴아메리카 국가들의 외채는 엄청나서 국내총생산이 얼마든지 간에 많은 나라들이 국민 대부분에게 일정수준 이상의 삶을 보장해 주지 못한다. 그런 국가들의 경제는 거시경제 통계로는 괜찮아 보이지만 금융·기술 상대국의 먹이로 전락했다. 이 나라들의 경제는, 누구도 정확히 알거나 측정할 수도 없는 엄청난 액수의 해외 자본유출에 좌우되고 있다. 그 나라들의 허약한 통화는 투기꾼들의 공격에는 속수무책이다. 자국 경제를 방어하기 위한 자국 경화보유액의 평가절하에 직면하면 그 가치는 순식간에 상실되어 버린다. 국가 유산을 팔아치우는 민영화를 통한 수입은 아무런 이익도 보장하지 못한 채 상실된다. 금융위기 혹은 평가절하의 위협 때문에 모든 자본의 해외유출이 야기되는데, 여기에는 임박한 예금폭락에 위협당하는 단기차관 및 국가기금도 포함된다.

여타 제3세계처럼 라틴아메리카도 이미 앞에서 지속불가능하고, 강요된 국제 경제 질서의 희생자다. 금리를 반복적으로 인상하는 간편한 처방은 이 국가들 경제에 혼돈과 혼잡을 야기했다. 발칸반도처럼 분열된 라틴아메리카 국가들은 이 대륙의 자유무역협정의 사이렌 노래에서 흘러나오는 진보와 발전이라는 허황된 환상에 홀려서 영원히 독립을 상실하고, 미국에 합병당할 위험에 처해 있다.

**마요르**　　　이제 조금 민감한 이슈에 대해 논하고 싶다. 쿠바에서의 표현과 사상의 자유에 대한 문제다. 쿠바정부는 이 문제와 관련한 억압적인 정책 때문에 종종 다른 나라들에게 비판을 받고 있는데……

**카스트로**　　　무슨 얘기를 하고 싶은지 알겠다. 하지만 나는 대다수 국민들이 전적인 문맹 아니면 기능적인 문맹(직무상 필요한 읽고 쓰기 능력이 결여된 상태-옮긴이)인 나라에서 표현과 사상의 자유를 논하는 것이 정당한지 의아스럽다. 이 말이 짓궂은 농담처럼 들릴지 모르겠지만 실상은 훨씬 중요한 문제다.

　　세상에 있는 많은 사람들은 사상의 자유뿐만 아니라 생각의 능력도 결여하고 있다. 왜냐하면 그 능력이 파괴되었기 때문이다. 일부 선진국 국민을 포함해서 지구상 인류 중 수십억의 인구는 어떤 회사의 음료수를 마셔야 하고, 어떤 담배를 피우며, 어떤 옷과 신발을 신고, 무엇을 먹고 어떤 식품을 사야하는지에 대한 정보를 일방적으로 주입당하고 있다. 정치사상 역시 그와 같은 방식으로 공급된다.

　　해마다 수조 달러가 광고에 소비된다. 이러한 광고의 홍

수가 분명한 자기입장을 정립하는 데 필요한 판단요소와 생각하고 분별하는 데 필수적인 지식이 완전히 박탈당한 대책 없는 대중들에게 퍼부어진다. 인류 역사에서 이런 일은 전례가 없었다. 원시시대의 사람들도 엄청난 생각의 자유를 향유했다. 호세 마르티는 "자유롭기 위해 교육 받는다"고 말했다. 우리는 여기에다 이렇게 덧붙여야 할 것이다. "문화 없이 자유는 불가능하다"라고. 우리는 혁명을 통해 국민들에게 문화적 혜택과 교육을 다른 선진국들보다 훨씬 풍부하게 제공했다.

소비사회에 산다고 반드시 교육을 받는 것은 아니다. 때때로 그 소비사회의 사람들이 갖고 있는 지식이 얼마나 피상적이고 단순한지 보면 놀랄 지경이다. 쿠바는 쿠바국민의 평균 교육수준을 9학년(중학교 3학년 수준-옮긴이)까지 올렸다. 하지만 이는 단지 시작에 불과하다. 10년 이내에 평균 문화수준은 대학졸업자 수준이 될 것이다. 필요한 모든 조건은 구비되어 있다. 우리 국민이 세계에서 가장 부유한 나라에서도 전혀 찾아볼 수 없는, 교조적이거나 분파적이지도 않으면서 귀중하고 심오한 정치문화와 가장 높은 문화수준에 도달하는 것을 그 누구도 방해할 수 없다. 우리는 상업광고는 피하면서도 인류가 창조한 위대한 기술은 이러한 고상한 목표를 위해 사용할 것이다.

진정한 표현 및 사상의 자유를 논하기 위해서는 먼저 고

려해야 할 선결 문제가 있다. 왜냐하면 그러한 자유는, 문
화, 연대, 윤리를 존중할 수가 없는 잔인한 경제적·사회적
자본주의 체제와는 결코 조화될 수 없기 때문이다.

마요르    최근 몇 년 동안 우리는 쿠바에서 반정부 움직임
의 맹아가 싹트는 것을 목격하고 있다. 요컨대 반정부그룹
이 조직되기 시작하고 있는 것이다. 이것이 사실이라면 쿠
바정부가 정치적 다원주의를 향해 문을 열 때가 된 것은 아
닌가?

카스트로    반정부세력은 냉전 속에서, 그리고 미국에서 단
90마일 떨어진 위치에서, 우리의 심오한 사회혁명이 진행
중일 때 등장했다. 미국은 그 반정부세력을 40년 넘게 조직
하고 지도해 왔다.

　　우리의 혁명은 특권의 시대를 종식하고, 쿠바사회에서
가장 부유하고, 가장 영향력 있는 집단에게 영향을 미쳤다.
혁명은 또한, 미국이 쿠바에 설립했던 대규모 농업, 광업,
산업, 상업 및 서비스 기업에도 영향을 미쳤다. 우리 조국은
추한 전쟁, 용병들의 침략, 군대의 직접적인 군사공격의 표
적이 되어 왔다. 우리는 또한 핵전쟁 직전까지도 갔다.

　　그러한 광범위한 반혁명 활동과 그 이후의 경제, 정치,
이데올로기 전쟁의 지도자는 과거에도 미국 정부였으며, 현

재에도 미국 정부다. 그 나머지는 그 막강한 미국, 그 동맹 세력과 종복들이 자금을 대면서 조작하는 완전한 허구다.

반혁명은 거짓과 중상 속에 은폐되어 있는데, 이것이 사상이나 윤리라고는 찾아볼 수 없는 체제의 중추를 이루고 있다. 그 반혁명은 이미 가장 어려운 시험을 견디어 통과하여, 단합되고, 전투태세를 갖추고, 정치적으로 강력해진 국민을 보유하게 된 혁명과 대치하고 있는 것이다.

그러한 개방은 없을 것이다. 우리가 미국의 전략에 협조해야 할 이유는 전혀 없다.


마요르　　당신 내각의 대부분은 무장혁명이 성공할 당시 태어나지도 않은 인물들이다.


카스트로　　그 사실은 그들이 젊고, 혁명이 한동안 굳건할 것임을 보여 주는 것이다.


마요르　　오늘날 쿠바인의 꿈은 무엇인가?


카스트로　　천백만 개의 꿈이 존재할 것이다.


마요르　　이들의 꿈은 이전 세대의 꿈과 어떻게 다른가?

**카스트로**  예전에 그들은 각자의 행복을 꿈꾸었다. 이제 그들은 모든 국민의 행복을 염원한다.

**마요르**  쿠바국민을 정책결정의 정치과정에 좀더 밀접하게 연계시킬 생각은 없는가?

**카스트로**  당신은 쿠바와 혁명이 국민 대다수의 참여 없이 존재할 수 있다고 진정 생각하는가?

**마요르**  혁명 승리 이후 쿠바 인구의 10분의 1이 이 섬을 떠났다. 어떻게 이 대탈출을 설명할 것인가?

**카스트로**  당신은 수치를 언급했다. 나는 여러 형태의 이민을 알고 있는데, 만약 외국에서 태어난 사람을 제외한다면 그 수치는 더 낮아질 것이다. 어떤 경우에도 그 숫자는 중요한 정도는 아니다.

혁명 전, 쿠바인에게 허용된 미국비자 수는 미미했다. 혁명이 성공하자 그 문은 활짝 열렸다. 쿠바에 있던 의사 6천 명 가운데 절반가량이 떠났고, 대학교수들도 많이 떠났다. 그것은 인적 자본에 대한 중대한 약탈이었다. 하지만 우리는 그러한 타격에 굳건히 맞섰다.

우리는 이민을 결코 막지 않는다. 막는 사람은 우리가 아니라 그들이다. 그들은 단 한 차례 외에는 이민의 문호를 폐쇄했으며 합법적 이민에 대해서도 쿼터(quotas)를 정했다. 최악의 죄악은 쿠바조절법(Cuban Adjustment Act)을 통해 불법 이민을 부추기는 것이었다.[4] 이 법 조항 덕택으로 법적 근거나 법적 행위와 관계없이, 불법으로 쿠바를 떠나서 수단과 방법을 가리지 않고 미국 땅에 도착하기만 하면 누구든지 거주권을 갖게 되었다. 그들은 이런 식으로—비록 쿠바를 떠난 모든 사람이 범죄자는 아니지만—많은 범죄자들을 받아들였고 그 과정에서 많은 사람들이 목숨을 잃었다. 엘리안 엄마를 포함한 11명의 목숨을 앗아간 비극이 발생했을 때, 일곱 살도 채 안 된 피랍 소년 엘리안 곤잘레스 (Elian Gonzalez) 사건을 초래한 것은 전 세계에서 유례를 찾아볼 수 없는 동시에 오직 쿠바국민에게만 적용되는, 바로 이 법 때문이었다.[5]

만약 이와 같은 특권이 거의 35년 동안 멕시코와 라틴아메리카 및 카리브 국가들에게 확대 적용되었다면 미국에 거주하는 사람들 절반 이상이 라틴아메리카 및 카리브 국가 국민일 것이다. 멕시코와 미국은 오늘날 베를린 장벽보다 더 높은 장벽에 의해서도 분리될 수 없을 것이다. 해마다 멕시코-미국 국경을 넘으려다 사라지는 잠재적 이민자 수는 베를린 장벽이 존재했던 전 기간 동안 죽은 사람보다 더 많다. 유럽에서 이러한 특권을 사하라사막 남북에 살고 있는 아프리카인들에게 제공해 보라. 그러면 얼마나 많은 사람들이 이민을 갈지 잘 알게 될 것이다.

우리는 결코 쿠바에서 미국으로 이민을 가려는 사람들을 막은 적이 없으며, 그 이민의 90퍼센트가 경제적 이유라는 점은 분명히 해 둘 필요가 있다.

**마요르**     소년 엘리안 사태는 마이애미에 있는 쿠바 망명 집단사회의 감정에 불을 붙였다. 쿠바 및 플로리다에 거주하는 반대자들에 대해서는 어떻게 생각하는가?

**카스트로**     나는 당신이 말하는 외국의 반정부 집단과 국내의 반정부 집단 간의 차이를 모르겠다. 그들은 완전히 동일 집단이다. 그 둘은 뿌리가 같고 동일한 지도자를 갖고 있다. 모두 미국의 반(反)쿠바 정책의 수단이며 친제국주의, 반사회주의, 친합병론자들이다. 이른바 재미 쿠바인 전국재단 (Cuban American National Foundation)—1980년 쿠바에 대한 공화당의 정치 강령인 산타페 선언으로부터 탄생한 혐오의 산물—은 거의 예외 없이 미국 중앙정보부(CIA) 출신이거나 쿠바혁명 성공 시에 미국으로 도주한 악명 높은 전범의 후예들이다.[6]

(1961년) 피그만 용병 침략 당시 충원한 개인들로부터 나중에는 앞서 언급한 재미 쿠바인 마피아단원까지 그들이 쿠

바에 저지른 죄상과 비행의 목록은 끝이 없다.[7] 레이건과
그 정부의 목표 중 하나는 쿠바 대표의 이름으로 조국 쿠바
에 대한 봉쇄 및 경제전쟁과 관련된 법이나 조치를 제안하
는 정치적 대리집단을 만드는 것이었다. 그들에게는 계약권
과 경제적 이권이 주어졌다. 그들은 마약과 엄청난 돈을 포
함한 모든 것에서 뒷거래를 했다. 그들의 가장 중요한 임무
는 미 의회 극우파 중에서도 가장 반동적인 인물과 세력을
지원하고, 그 자금을 제공하기 위한 로비를 시작하는 것이
었다. 그들의 반(反)쿠바작전 병기고에는 경제교란을 위한
다양한 사보타지 행위, 정치적 범죄, 페스트 및 생물전 등을
수행하는 독립된 테러조직에 대한 지원 등이 포함되어 있
다. 그들은 자체 군대를 갖고서, 온갖 정보와 미국 정부의
공조 하에, 내가 외국에 나갈 때마다 수많은 암살계획을 꾸
몄다. 그들은 엄청난 자금을 가지고 공화당과 민주당 양당
의원들 수십 명에게 공공연하게, 또 비밀리에 엄청난 선거
자금을 배포했다. 그들은 자신들 그룹 출신 의원들을 지원
하고, 다른 의원 선출도 지원했다. 공식지원은 물론 불법이
었다.

그들이 쿠바에 자행한 모든 일들을 생각하면 분노가 치
민다. 가장 최근에 행한 범죄행위는 합법적인 가족에게서
아이를 유괴한 것이다. 그들은 플로리다 주민으로서 연방정
부의 법과 질서를 무시할 수 있는 권한을 가지고 있다고 생

각했다. 그들은 성조기를 짓밟고 불태웠다. 이 쿠바 소년 사례에서 자행한 어리석기 그지없는 행동이 그들의 정치적 워털루였다. 그들이 성취했던 엄청난 권력과 정치적 영향력의 쪼개진 파편을 다시 주워 담아서 미래에 그들에게 도움이 될 만한 무언가를 다시 만들기란 아주 어려울 것이다.

미국 반혁명 전략의 또 다른 수단으로서 지난 수년 동안 우리 혁명에 반대하는 국내전선을 조직하기 위한 소그룹화는 도덕적으로, 정치적으로 분쇄되었다. 그들은 다양한 수단을 통해 수집한 자금으로 이러한 그룹을 격려하고, 영향을 미칠 수 있는 모든 미디어를 이용하여 그들을 지원하고 있다. 이 그룹들은 미국으로부터 송출되는 과격한 라디오 방송과 (재미쿠바인 전국)조직이 장악한 신문을 통해서 반혁명 비방 캠페인을 전개하고 있다. 그들은 재미쿠바인 마피아와 밀접한 연계를 가지고 협조하며, 아바나 주재 미국 공관의 간부들, 체코 및 폴란드 외교관들, 미국과 협조하거나 미국에 종속되어 있는 일부 국가들의 대사관 직원들에 의해 직접 통제되고 있다.

그들의 핵심 임무는 쿠바의 외교와 경제관계를 방해하고, 쿠바 고립을 위한 선전 · 비방 캠페인용 자료를 제공하기 위해 그들의 도발을 이용하는 것이었다. 하지만 우리 조국의 존폐가 기로에 서 있던, 이러한 찬란하고 영웅적인 이중 봉쇄 및 '특별시기'에 우리 국민이 성취한 업적은 그들을 오명의 늪으로 빠져들게 만들 것이다.

마요르    2000년 4월 18일, 유엔인권위원회에서 체코공화
국과 폴란드가 주도한 쿠바 비판에 대해 당신은 어떻게 대
응했는가? 그때 당신은 정치적 반대자들과 종교 그룹을 폭
력적으로 억압했다고 비난받았는데…….

카스트로    제네바 투표는 쿠바에 대한 미국의 적대감이 위
선적이고 새로운 형태로 나타난 사례에 불과하다. 미국이
조장한 추한 게임에서 조그만 역할이라도 기꺼이 맡으려는
일부 전(前)사회주의 국가들이 유럽 공모국들의 지원 하에
막강한 동맹국과 나토 종주국과 합작하여 제네바에서 투표
했던 것이다. 우리는 이러한 비열한 작태를 공개하기를 주
저하지 않았다. 우리는 그 작태를 한목소리로 비난했고, 그
음모에 가담한 자들에 대한 공분을 제기했다. 그 국가들 중
대다수는 대응조차 하지 못했다. 비판은 점점 더 거세질 것
이고, 반(反)쿠바 전선은 점점 더 어려워질 것이다.

마요르    1998년 1월, 교황 바오로 2세가 아바나를 방문했
다. 교황은 당신을 설득시키려 했는가?

카스트로    교황이 나에게 무언가를 설득하려 한 기억은 정

말 없다. 우리는 특별한 재능과 카리스마를 겸비한 인물에 대한 호감과 존경심을 가지고 교황을 맞이했다. 우리는 교황이 도착할 때와 떠날 때, 공개적인 대화를 나누었는데, 서로에 대한 존경심을 가지고 진지하게 각자의 입장을 개진했다.

우리는 쿠바의 모든 것을 제공했다. 교황은 쿠바에서 가장 역사적인 광장을 방문했는데, 이는 교황 보좌진이 선택한 것이었다. 교황에게 쿠바 텔레비전 네트워크를 제공하였고, 봉쇄된 국가에서 가능한 모든 수단을 다 동원하여 교통 편의수단을 제공하였다. 우리는 교황이 메시지를 전하는 경우에, 플래카드나 슬로건, 혁명적 구호 없이 경청하도록 하는 엄격한 지침 하에 대중조직, 당원들, 청년공산주의자연합(Union of Young Communists) 등을 초청했다. 전 세계에 교황 방문을 보도하기 위해 외국방송사 110개와 기자 5천 명에게 취재허가증을 주었다. 거리에는 단 한 명의 군인이나 무장경찰도 배치하지 않았다. 전 세계 어디에서도 전례가 없는 일이었을 것이다.

교황 방문을 기획한 사람들은 이번 방문이 교황의 방문 중 가장 잘 조직된 방문이었다고 언급했다. 단 한 건의 교통사고도 발생하지 않았다. 나는 교황이 우리 조국에 대해 좋은 인상을 가지고 떠났다고 생각한다. 동시에 교황은 쿠바에 좋은 인상을 남겼다. 나는 교황 보좌진이 짠 빡빡한 순방

일정을 엄격하게 준수한 교황의 역량과 헌신을 존경해마지 않는다. 실패를 맛본 유일한 집단은, 교황이 방문하기만 해도 혁명은 여리고성처럼 무너질 것이라고 생각했던 외국인들—그런 사람들이 꽤나 있었다—이다. 결국 혁명과 교황 양자 모두 자신들의 힘을 훨씬 더 잘 인식하면서 부각될 수 있었던 것이다.[8]

마요르　　인간은 국가원수든 시민이든 여성이든 모두 죽음을 피할 수 없는 존재들이다. 비록 그것이 쿠바국민에게 혼돈스러운 이행의 충격만을 더할지 모르지만 후계자를 미리 정해놓는 것이 현명한 일이 아닌가?

카스트로　　나는 인간이 유한한 존재라는 사실을 너무나 잘 알고 있다. 비록 그 문제가 내 인생에서도 중요한 일이긴 하지만 걱정해 본 적은 없다. 나는 반골 기질 때문에 누구도 강요하지 않았던 혁명 투사의 위험스런 소명을 받았을 때도 내가 그리 오래 살지 못할 것이라고 생각했다. 나는 국가 수장도 아니고, 단지 아주 평범한 인간일 따름이다. 나는 직위를 물려받지도 않았고, 왕도 아니다. 따라서 나는 후계자를 미리 정할 필요도 없다. 어떠한 경우에도 그러한 준비가 혼돈스러운 이행의 충격을 막을 수는 없을 것이다. 어떠한 충격이나 전쟁도 없을 것이고, 또한 어떠한 이행의 필요성도 없을 것이다.

한 사회체제에서 다른 사회체제로의 이행이 40년이 넘는 기간 동안 진행 중이다. 이것은 한 인간을 다른 인간으로 대체하는 문제가 아니다. 진정한 혁명이 공고화되었을 때, 그리고 신념과 의식이 결실을 맺기 시작했을 때, 인간의 기여가 아무리 중요하다 하더라도 인간이 필수요인은 아니다. 쿠바에는 인간에 대한 우상숭배가 존재하지 않는다. 당신은 쿠바에서 현존하는 지도자들 이름을 딴 공식 사진이나, 거리 혹은 공원이나 학교를 발견할 수 없을 것이다. 책임은 여러 사람이 공유하고 있으며, 업적은 많은 사람들 사이에 나누어져 있다. 많은 젊은이들과 경험이 풍부한 사람들이, 자신들과 밀접하다고 느끼는 소수의 노(老)혁명가 그룹과 함께, 조국의 길을 지켜가는 바로 그 주체들이다. 이 나라에 위대한 신망과 도덕적 권위를 갖는 당이 존재한다는 사실은 결코 간과될 수 없을 것이다. 이럴진대 걱정할 일이 뭐 있겠는가?

마요르    당신 말은 전적으로 옳다. 하지만 바로 지금, 개인과 구조, 곧 때가 닥치면 역할을 맡을 수 있는 구원세력을 제대로 염두에 두지 않기 때문에 당신 스스로 이러한 사회적 성취가 의문시될 위험이 높아 간다고는 생각지 않는가?

**카스트로**    당신이 말하는 구원세력은 이미 준비되어 있을 뿐만 아니라 벌써 자리를 잡고 오랜 기간 일하고 있다.

**마요르**    살아 있는 신화인 것이 당신의 특권인가? 당신은 죽은 후에도 계속 신화로 남을 것인가?

**카스트로**    나는 신화가 아니다. 미국 정부가 여러 정권을 거치면서 나를 당신이 말하는 신화로 변모시켰다. 만약 내가 살아있는 신화라면 그것은 미국의 무수한 암살시도의 실패 덕분이다. 하지만 물론 나는 죽은 후에도 계속 신화로 남을 것이다. 그러한 막강한 제국에 반대해서, 그렇게 오래 투쟁해 온 족적을 없애버리는 것이 실제로 가능하겠는가?

**마요르**    피델, 당신은 항상 음모가로 비쳤다. 이러한 이미지가 이제는 낡은 과거의 유산인가?

**카스트로**    오히려 정반대로 그 이미지는 아주 중요한 내 습관이 되어버려 가장 중요한 혁명투쟁의 비밀전략에 관해서는 혼잣말도 하지 않게 되었다. 그런 비밀에 대해서는 차라리 텔레비전에서 말하는 것이 더 편하다.

**마요르**    당신은 왜 밤에 활동하는가? 연설문은 언제 준비하는가?

카스트로   나는 거의 모든 시간, 밤낮을 가리지 않고 일한다. 당신도 일흔 살이 넘으면 낭비할 시간이 없음을 절감할 것이다. 내 연설에 대해 말이 많은 것을 잘 알고 있다. 다소 늦은 감이 있지만 연설은 짧아야 한다는 것이 최근의 결론이다.

# 2

유엔의 새로운 좌표

유엔 밀레니엄 정상회담 연설

뉴욕, 2000년 9월 6일

많은 사람들은 인류의 운명을 이끌어
갈 수 있는, 진정으로 정당하고 의미 있는
법칙을 찾으려는 꿈을 불가능하다고 생각합니다.
하지만 나는 불가능을 위한 투쟁이
오늘날 우리를 단합시켜 주는
이 기구의 목표여야만 한다고 확신합니다!

# 유엔의 새로운 좌표

유엔 밀레니엄 정상회담 연설, 뉴욕, 2000년 9월 6일

나라 안팎에서 혼돈이 세계를 지배하고 있습니다. 맹목적인 법이, 이 세계가 절실히 필요로 하는 평화, 질서, 복지, 안보를 가져다 줄 수 있는 신성한 규범처럼 제시되고 있습니다. 우리로 하여금 잘못된 것들을 믿도록 유도하고 있는 것입니다.

경제, 정치, 기술 분야에서 권력을 독점하고 있는 30여 개의 선진국들이 이 회담에서 동일한 처방을 제시하려고 우리와 함께 자리하고 있습니다. 그 처방은 우리를 더 가난하게 만들고, 더 착취당하게 하고, 더 종속되게 만드는 데 기여할 따름입니다. (독립국가들이 많지 않던 50여 년 전에 탄생한) 이 낡은 기구를 세계 전 인류의 이익을 진정으로 대

변할 수 있는 기구로 바꾸기 위해서는 근본적인 개혁이 필요합니다. 하지만 그런 논의는 찾아볼 수조차 없습니다. 개입이나 무력사용과 같은 중대한 이슈에 대해 결정을 내리는 안전보장이사회는 총회에 예속된 집행부여야 합니다.

불공정한 질서 아래에서 모든 것을 마음대로 결정하려는 초강대국의 힘과 권력 남용에 약소국들의 주권이 희생될 수는 없습니다. 이런 점은 분명하게 명시되어야 합니다. 쿠바는 그런 희생을 결코 용납할 수 없습니다.

부와 지식을 분배함에 있어서도 세계에는 불평등이 만연해 있습니다. 뿐만 아니라 빈곤과 저발전도 만연해 있습니다. 그런 것들이 인류가 당면한 갈등의 근본원인입니다. 또한 그러한 빈곤과 저발전은 약소국가들 대부분이 겪은 제국주의 침략, 식민지화, 노예제, 약탈, 그리고 세계의 신(新)분할에 의해 야기된 잔인한 전쟁의 결과입니다. 그런 사실을 결코 망각해서는 안 됩니다. 강대국들은 그러한 손실에 대해서 약소국들에게 보상해야 합니다. 그것이 그들의 도덕적 의무입니다.

인류는 지금까지 어떤 일을 자행했는지 돌아보고, 그런 행태를 계속해서는 안 된다는 것을 깨달아야 합니다. 현재 인류는 진정한 정의와 휴머니즘이 실현될 새로운 역사적 시대를 향해 나아가기에 충분한 지식과 윤리적 가치와 과학적 자산을 보유하고 있습니다.

현 경제·정치 질서 하에서는 인류의 이익에 봉사할 수 있는 것이라고는 아무 것도 존재하지 않습니다. 그것은 지속 불가능합니다. 따라서 바뀌어야만 합니다. 세계인구가 이미 60억에 이르렀는데, 그 중 80퍼센트가 빈곤에 처해 있다는 사실만 상기해도 충분하리라 봅니다. 제3세계에서는 말라리아, 결핵, 그 밖에 더 오래되고 치명적인 질병들이 완전히 사라지지 않고 있습니다. 또한 에이즈 같은 새로운 질병은 모든 나라의 국민들을 말살시키려 위협하고 있습니다. 반면에 부자 나라들은 엄청난 돈을 무기와 사치품에 계속 투자하고 있습니다. 탐욕적인 투기꾼들의 전염병은 날마다 수십억 달러를 통화나 주식, 또 다른 실질가치나 의제(擬制)가치와 바꾸고 있습니다.

자연은 황폐해지고, 기후는 확연히 변하고 있으며, 마실 물은 점차 줄어들거나 오염되고 있습니다. 수산자원은 고갈되고, 재생 불가능한 귀중한 자원이 사치로 낭비되거나 하찮게 허비되고 있습니다.

유엔의 기본 역할은 새로운 세기를 향해 나아가는 과정에서 전쟁뿐만 아니라 저발전, 기아, 질병, 빈곤, 인간의 삶에 필수적인 자연환경 파괴 등으로부터 세계를 구하는 것입니다. 이에 대한 전 인류의 각성이 절실합니다. 너무 늦기 전에 시급히 방안을 찾아야만 합니다!

많은 사람들은 인류의 운명을 이끌어 갈 수 있는, 진정으로 정당하고 의미 있는 법칙을 찾으려는 꿈을 불가능하다고 생각합니다. 하지만 나는 불가능을 위한 투쟁이 오늘날 우리를 단합시켜 주는 이 유엔의 목표여야만 한다고 확신합니다!

# 3

## 제3세계의
## 에이즈 비극

유엔 밀레니엄 정상회담

뉴욕, 2000년 9월 7일

많은 아프리카 국가의 대표들이
가혹한 현실에 대해 언급했습니다.
비록 에이즈 치료제가 제공된다 하더라도
그 나라에는 치료제를 분배하고 관리할
기간시설조차 없다는 것입니다.

# 제3세계의 에이즈 비극

유엔 밀레니엄 정상회담, 뉴욕, 2000년 9월 7일

나는 이 주제의 심각성에 대해 깊이 생각해 왔습니다. 이 주제는 40년 이상 논의되어 왔지만 실제로 전혀 진보를 이루지 못하고 오히려 퇴보하고 있는 실정입니다. 내가 이렇게 말하는 데는 근거가 있습니다. 즉, 현재 100개 이상 국가에서 일인당 국민소득은 15년 전보다 감소했습니다.

여기 참석한 사람은 모두 제한된 시간 안에 자신의 소신을 주장하고 있습니다. 나 자신은 특히 현재 제3세계에 영향을 미치고 있는, 거의 재앙에 가까운 의료보건상태의 근본원인에 크게 영향을 받았음을 고백합니다. 통계를 별로 좋아하지는 않지만, 몇 가지 사례만 들어보겠습니다.

사하라사막 남쪽의 아프리카 지역에 사는 사람들 평균

예상수명은 48세에 불과합니다. 이 수치는 선진국에 비해 30년이나 짧은 것입니다. 산모사망률에 관해서 말하자면, 산모사망의 99.5퍼센트가 제3세계에서 발생하고 있습니다. 유럽에서는 산모사망 위험이 1,400명 출산 중 1명입니다. 이에 반해 아프리카에서는 16명 출산 중 1명의 비율입니다. 다른 사망률 역시 마찬가지입니다.

제3세계에서는 해마다 다섯 살도 안 된 어린이 천백만 명 이상이 예방 가능한 질병에 의해 죽어 가고 있습니다. 날마다 3만 명 이상, 1분에 21명이 죽어 가는 것입니다. 우리가 이 회의에 참가하고 있는 동안에도 100명이 죽어 가고 있습니다.

제3세계에서는 5명 중 2명의 어린이가 성장지체로 인해 고통을 당하고 있으며, 3명 중 1명은 저체중 상태에 있습니다. 여자 어린이 2백만여 명이 매춘을 강요당하고 있습니다. 15세 미만의 어린이 2억 5천만 명 정도가 생계노동에 종사하고 있습니다.

이 회의에서는 많은 사람들이 에이즈 문제에 대해 논의했습니다. 몇 달 전에 개최된 더반(Durban) 회의에서 나는 아프리카의 에이즈 비극이 서구에 의해 발견되었다는 인상을 받았습니다. 널리 보도되었듯이, 그 회의에서는 에이즈에 감염된 사람들에 대한 의료비를 어떻게 줄이고, 그들을 어떻게 살릴 것인가에 대한 토론이 있었습니다. 환자 한 명에 필요한 약과 치료비용은 약 만 달러입니다. 하지만 치료제를 생산하는 비용은 천 달러라는 것이 상식입니다. 처방과 약을 더 엄격하게 하면 그 비용 역시 더 줄일 수 있을 것입니다.

　서구 국가들, 대체로 유럽 국가의 대표들에 의해 비용절감 처방전이 발견되었음이 확인되었습니다. 나는 프랑스, 스웨덴, 독일 등 선진국 대표들 또한 이런 제3세계를 돕겠다는 입장을 표명했다고 들었습니다. 하지만 적지 않은 아프리카 대표들은 가혹한 현실 즉, 치료제가 제공되더라도 그 치료제를 분배하고 관리할 수 있는 기간설비가 없다고 호소했습니다.

　이것은 생사가 걸린 문제입니다. 나는 무엇을 할 수 있는가라고 자문해 보았습니다. 나는 당신들에게 쿠바는 가난한 소국임을 상기시키고 싶습니다. 뿐만 아니라 쿠바는 포위되고, 봉쇄당하고 있는 실정입니다. 하지만 나는 이러한 현실에 관해 얘기하려는 것이 아닙니다. 오랜 기간 발전시켜 온 집중 교육 프로그램 덕분에 쿠바도 이제 주요한 인적 자본을 갖게 되었다는 것을 말하려는 것입니다. 이것은 아주 중요한 것입니다. 나는 인적 자본이 금융자본보다 더 중요하다고 말하고 싶습니다. 만약 유엔이 동의한다면, 우리 조국은 세계보건기구(WHO)와 (심각할 정도로 파멸적인 저주로부터 고통당하고 있는) 사하라사막 이남의 아프리카 국민들과 함께 이 지역에서 치료 관리체계에 필요한 기간시설을 구축하는 데 협력할 수 있는 충분한 의료진을 갖고 있습니다. 이것은 결코 과장이 아닙니다. 이것은 전체적으로 그 프로그램을 수행하는 데 필요한 의사 천여 명과 의료보조진을 포함한 보건인력 2~3천 명 정도입니다.

우리는 수백만 어린이의 죽음을 방치해서는 안 됩니다. 감염된 2천 5백만 명 중 다수가 살아남긴 했지만 고아 신세가 되었습니다. 그 수는 이미 천 2백만 명에 달하고, 몇 년 후에는 4천만 명으로 늘어날 것입니다. 이것이 바로 단테의 비극이 아니고 무엇이란 말입니까?

국가자원의 형태와는 무관하게 거의 전(全)국가에서 에이즈에 감염된 인구는 25~30퍼센트 선에 달하고, 수백만 명의 고아가 생겨났습니다. 제 소견으로 에이즈는 전 아프리카 국민과 대부분의 아프리카 대륙을 전멸시킬 전조가 될 것으로 보입니다. 바로 이것이 현실인 것입니다.

따라서 나는 다음과 같은 계획을 제안하고자 합니다. 구체적으로 쿠바는 유엔, 세계보건기구(WHO), 아프리카 국가들에게 에이즈 프로그램뿐만 아니라 다른 보건 프로그램까지 발전시키는 데 필요한 인력을 제공하고, 또 기술 및 간호 인력에게 현장실습 수련도 지도할 것입니다.

우리가 방문할 지역에서 행하게 될 첫 번째 임무는 의료학교를 건설하는 것입니다. 아프리카에서 인구 5천 명당 단

1명의 의사라도 두기 위해서는 수천 명의 의사가 필요합니다. 쿠바에서는 160명당 1명의 의사를 두고 있습니다. 우리는 보건 분야에서 오랜 경험을 가지고 있습니다. 현재 약 2천 명의 쿠바의사가 해외에서 진료활동을 펼치고 있습니다. 이것이 내가 이 자리에서 협동정신 아래 제안하고자 하는 바입니다. 이 자리에 참석한 유럽 국가들과 선진국들도 본인의 제안에 참여해서 에이즈 치료제를 발견하고 그 비용을 줄이는 데 기여하려는 노력을 아끼지 말기를 바랍니다.

세계에서 벌어지고 있는 현실은 전쟁보다도 더 가혹합니다. 아프리카에서는 해마다 백만 명이 말라리아로 죽고, 3억에서 5억 명이 말라리아에 감염되고 있습니다. 게다가 2백만 명이 에이즈로 죽어 가고, 죽어 가는 2명당 4~5명이 감염되고 있습니다. 백신에 관한 한 아직 충분한 진보가 이루어지지 않고 있으며, 그 백신이 언제 사용될지도 모릅니다. 해마다 3백만 명이 결핵으로 죽어가고 있습니다.

나는 구체적으로 아프리카를 위한 프로그램을 제안하고자 합니다. 이것은 적어도 과장이 아니며, 우리의 이익을 위해 무언가를 도모하려는 것도 아닙니다. 우리 쿠바의사들은 어디를 가든지 종교나 정치, 혹은 철학에 관해서는 얘기하지 않을 것입니다. 그들은 오랫동안 본연의 임무를 수행해 오고 있고, 지역민들로부터 엄청난 존경과 인정을 받아 왔습니다. 나는 이 제안을 유엔의 원탁회의장에 남겨 두고자 합니다.

# 4

## 21세기 유엔의 역할

유엔 밀레니엄 정상회담

뉴욕, 2000년 9월 7일

오늘날 우리는 유엔 시스템에 대해서는
실제로 아무 말도 할 수가 없습니다.
우리는 유엔 시스템을 갖고 있지 않습니다.
실제 우리가 가진 것이라고는
소수 강대국이 세계 거의 모든 국가들을 통치하는
지배 시스템뿐입니다.

# 21세기 유엔의 역할

유엔 밀레니엄 정상회담, 뉴욕, 2000년 9월 7일

나는 유엔이 창설되던 때를 아직 기억하고 있습니다. 그 당시는 나치즘과의 끔직한 전쟁 바로 직후였습니다. 당시에는 인류에 위협이 되는, 가공할 만한 악의 세력과 싸우기 위해 서로 이질적인 이데올로기를 가진 세력들 사이에 예측할 수 없는 동맹관계가 형성되었습니다.

전쟁은 5천만 명의 목숨을 앗아갔습니다. 주요 국가들 중 일부는 승전국이 되었고, 이 승전국들이 자국보다 약한 국가들과 손을 잡고 유엔을 창설했던 것입니다. 쿠바조차 여기에 참여했습니다. 당시 반식민지 상태의 쿠바는 완전한 독립국가도 아니었습니다. 실제로 거의 모든 라틴아메리카 국가들은 반식민지 상태였고, 오늘 이 자리에 참석한 대부분의 국가들도 여전히 완전한 독립의 상태는 아닙니다.

현재 우리는 완전히 새로운 상황에서 살고 있습니다. 오늘날 우리는 유엔 시스템에 대해서는 실제로 아무 말도 할 수가 없습니다. 우리는 유엔 시스템을 갖고 있지 않습니다. 실제 우리가 가진 것이라고는 소수 강대국이 세계 거의 모든 국가를 통치하는 지배 시스템뿐입니다. 이 소수 강대국들은 최강대국인 미국의 보호 하에 세계의 모든 것을 결정합니다.

어제 나는 유엔이 어떻게 돌아가는지를 분명하게 확인할 수 있었습니다.

점심시간에 여러 회의가 있었는데, 우리 서민들은 이런저런 회의에 참석했습니다. 세계를 지배하는 막강한 자가 참석한 한 회의—나는 그것을 가까이에서 목격했습니다—가 있었습니다. 그들의 지배방식 모두가 경제적인 것이라고 할 수는 없기 때문에 나는 정치적 지배방식도 고려하려 합니다.

또한 그 회의석상에는 정치적뿐만 아니라 경제적으로도 세계를 지배하는 소그룹이 참여하고 있었습니다. 유엔 사무총장인, 저명한 코피 아난(Kofi Anaan)이 그 회의의 의장임은 논리적으로 이해가 됩니다. 코피 아난은 연설 직전에 있었습니다. 그 옆자리가 미국 대통령 자리였음도 논리적으로 이해할 만합니다. 미국 대통령 왼쪽에는 우리의 동지인 말리 대통령이 앉아있었는데, 여기에는 인종의 조화가 필요했는지도 모르겠습니다. 클린턴 대통령 오른 쪽에는 프랑스 대통령이 앉아있었습니다. 그리고 바로 그 옆에는 역시 유색인이고, 우리의 동지이자 탁월한 지도자인 오바산조(Obasanjo, 나이지리아 전대통령)가 있었습니다. 말리 대통령 왼쪽에는 세계를 경제적으로는 지배하지는 못하지만 엄청난 정치권력을 보유한 국가수반인 장쩌민이 있었습니다. 장쩌민 왼쪽에는 영국 수상이 있었고, 같은 방향으로 좀더 가까이에는, 주요 경제 강대국은 아니지만 주요 정치 강대국 특히, 주요 군사 강대국인 러시아 대통령—나는 단지 그의 등만 볼 수 있었답니다—이 앉아있었습니다. 나는 주요 강대국을 수십 차례 연속적으로 파괴시킬 수 있는 초강대국과, 그보다는 덜하지만 여전히 몇 차례나 초강대국을 연속적으로 파괴시킬 수 있는 주요 강대국을 구분합니다.(서로 파괴할 수 있는 충분한, 그 이상의 파괴력을 가지고 있음을 강조하는 의미-옮긴이) 그들 각 국가는 서로를 파괴하기에 충분한 군사력을 가지고 있습니다.

회의에서는 '전체 미사일 방어체제가 전 세계에 미치는 영향'과 같은 복잡한 이슈들이 논의되었습니다.[9] 한 측은 부분 방어체제를, 다른 측은 전체 방어체제를 옹호하는 가운데, 그 후보자들 의견을 들은 사람이라면 최소한의 상식만 있더라도 그러한 광기가 제3세계—이 지역의 발전이 우리의 주요 관심사입니다만—에 어떠한 결과를 초래할 것인 지 잘 알 수 있었을 것입니다.

그렇습니다. 바로 이것이 오늘날 유엔의 본 모습이었던 것입니다.

그곳에 참석한 누군가—벨리즈의 수상이었다고 기억이 됩니다만—가 거부권 유지 여부를 결정할 권리를 갖는 자 들은 우리 모두가 합의한 안을 거부할 수도 있고, 그 반대 안도 거부할 수 있다는 사실을 언급했습니다. 거부권은 일 종의 신적인 권리이자 절대 권력으로서 루이 14세의 권력도 이와 비교될 수 없을 정도입니다. 루이 14세가 "짐이 곧 국 가"라고 말했다면, 안전보장이사회의 상임이사국으로 그 회 의에 참석한 국가, 특히 모든 분야의 최강대국은 "짐이 곧 유엔"이라고 말할 수 있을 것입니다.

이것이 현실입니다. 하지만 그 현실이 영원히 그대로 지 속되지는 않을 것입니다. 현재 세계를 지배하고 있는 정 치 · 경제 질서는 한마디로 지속 불가능하고, 재앙을 초래할 뿐이기 때문에 영원히 지속될 수는 없습니다.

그 국가들, 특히 초강대국은 경제, 정치, 군사, 기술, 과 학 분야에서 주도적인 국가입니다. 따라서 그 권력은 엄청 납니다. 세인트루시아(서인도제도의 독립국—옮긴이) 수상이 자 기 나라에는 노벨상 수상자가 두 명이나 있다고 말했을 때 나는 지금 그들은 어디에 있느냐고 물을 뻔했습니다. 왜냐하면 내가 알기론, 지난 10여 년 동안 강대국들은 물리학 분야의 노벨상 수상자 21명 중 19명을, 의학 분야 24명 중 17명을, 화학 분야 22명 중 13명을 데려갔기 때문입니다. 그들은 과학 분야 수상자 전부를 데려갔습니다. 그들은 제3세계뿐만 아니라 유럽에서도 과학 분야 인재를 데려갑니다. 40년 전에 미주개발은행이 창설된 이래 선진국은 라틴 아메리카와 카리브 연안 국가에서 백만 명에 가까운 전문가들을 빼앗아 갔습니다. 여기에는 쿠바의 최고 인재들도 포함되어 있었습니다. 그들은 우리나라 최고의 두뇌들을 약탈해 갔습니다. 우리는 우리 조국에 있는 대학에서 전문가들을 훈련시켰지만, 그들은 가장 재능 있는 인재들을 빼앗아가 버렸던 것입니다. 그것도 백만 명의 전문가들을 말입니다!

미국에서 전문가 백만 명을 훈련하는 데 드는 비용—나는 얼마 전에 이 계산을 해 보았습니다—은 2천억 달러에 가깝습니다. 여기에는 초등, 중등, 고등학교 비용은 포함되지도 않았습니다. 그들은 우리의 인재를 심지어 도둑질하기까지 했던 것입니다. 그들은 어떠한 지배수단을 사용하고 있습니까? 고도로 발달한 근대 기술수단을 사용하고 있습니다.

사회적, 인간적 상황뿐만 아니라 경제적 상황에 대해서도 언급하고 싶습니다. 나는 선진국들이 어떻게 세계 특허의 97퍼센트를 장악하는지에 관한 통계를 가지고 있습니다. 그 국가들은 2차 세계대전 이후 수립된 체제(약탈적 세계자본주의-옮긴이)의 결과로, 세계의 모든 자금을 보유하고 있습니다. 영국 출신인 케인즈의 사상과 브레튼우즈회담에서 미국 대표단장을 맡았던 화이트(White)의 입장 차이는 널리 알려져 있습니다.

일부는 좀더 논리적인 경제체제를 상상해 왔습니다. 그 당시 미국은 전 세계 금의 80퍼센트를 장악하고 있었습니다. 브레튼우즈회담으로부터 미국에 모든 권한을 부여하는 통화체제가 등장했습니다. 그 이후, 미국 경제력의 또 다른 주요 도구인 국제통화기금과 세계은행에서 행사할 수 있는 거의 전적이고, 절대적인 거부권이 제정되었는데, 미국은 그 거부권을 보유한 유일한 국가입니다. 미국이 새롭게 형성되는 모든 것들을 장악할 수 있도록 하는 경제체제가 만들어졌던 것입니다. 투자에 관한 다자간협상—그들이 슬그머니 도입하려 했던 것—을 위한 계획의 일환인 세계무역기구(WTO)나 다른 기구들 때문에 약소국들의 권리는 모든 분야에서 완전히 소멸되었습니다.

생산, 기술, 그 밖의 모든 분야에서 탐 섬(Tom Thumb-걸리버 여행기에 나오는 난쟁이 가족-옮긴이)이 걸리버와 경쟁할 수 있도록 관세를 모두 철폐해야 한다는 것이 말이 되는 주장입니까? 우리 국가들은 실제로 아무런 가능성도 갖고 있지 못한 실정입니다. 하지만 우리가 이런 사실을 점점 더 분명히 자각해 간다는 것은 아주 희망적이라고 생각합니다. 나는 의식적으로 노력하고, 각성하여 분명한 입장을 표명하는 것이 꼭 필요하다고 생각합니다. 우리는 수시로 미디어를 통해 메시지를 교환할 수 있고, 또 교환해야 합니다. 비록 그것들이 세계 유수 미디어의 통제 하에 있다하더라도 가난한 우리들은 메시지를 서로 알려줄 수 있는 다른 방법을 가지고 있습니다. 봉쇄나 다른 사태에 저항하는 전쟁에서 우리의 메시지는 인공위성을 통해 전달될 수 있습니다. 그리고 우리는 인터넷을 통하여 세계 각지와 연결될 수 있습니다. 우리는 어제 인터넷을 통해 이 회의와 관련한 텔레비전 프로그램과 토론회를 보았습니다. 하지만 우리가 각성해 가는 가장 좋은 방법은 오늘 오후에 개진한 각자의 의견을 서로 이해하는 것이라고 생각합니다.

각성한 이후에야 위기의 도래가 감지됩니다. 역사상 중요한 문제들은 위기를 통하지 않고서는 해결되지 않았습니다. 현 세계질서는 엄청난 위기로 치닫고 있는 중입니다.

현실에서는 이제 더 이상 실물경제가 아니라 가상경제만이 존재할 따름입니다. 세계의 총 수출규모는 해마다 6조 달러가 넘습니다. 하지만 1971년 금본위제 폐지에 따른 투기성 통화거래에 1조 5천억 달러가 허비되었음은 주지의 사실입니다. 1971년은 미국의 금보유량이 초창기 300억 달러

83

에서 100억 달러로 격감한 바로 그 시기입니다. 미국은 그러한 300억 달러를 가지고 흑자 시에 금을 매입하고 적자 시에 금을 매도함으로써 안정성을 유지할 수 있었습니다.

하지만 주지하다시피 아무런 세금도 없는 수백억 달러를 베트남전에 쏟아 부은 직후인 1971년, 닉슨 대통령은 상의도 없이 미국 달러에 대한 금본위제를 폐지한다는 일방적 결정을 내렸습니다. 이 때문에 모든 통화의 불안정성이 야기되었습니다. 물론 드골은 반대했습니다. 왜냐하면 드골은 그 결과를 예측할 수 있었기 때문입니다. 그 결과란 투기의 분출을 말합니다. 오늘날 1조 5천억 달러가 통화 투기에 소비되고, 또 다른 1조 5천억 달러가 모든 주식·채권 투기에 사용되고 있습니다. 이것은 실물경제와는 전혀 무관한 것입니다.

예를 들어 어떤 주식시장은 단 8년 동안에 천 달러를 80만 달러로 만듭니다. 그것은 비록 기업이 등기상 손실을 입는다 하더라도, 전망에 근거한 판단의 문제가 아닌 어디까지나 상상 속 세계의 일입니다. 거대한 가상경제가 창출된 것입니다. 거대한 거품은 부풀다 언젠가는 터지기 마련입니다. 이것은 절대 필연입니다. 그럴 때 우리는 새로운 세계 정치경제 질서의 탄생에 기여하게 될 주요 위기에 직면할 것입니다.

그러는 동안 더 깊이 깨닫고, 문제들에 더 깊이 천착하며, 이 회의에서 거론된 모든 의견과 같은 생각들을 유포할 수 있을 것입니다. 여기서 논의된 모든 문제와 여러 입장들은 널리 확산되어야 합니다. 우리는 비관적일 수가 없습니다. 나는 이러한 일이 조만간 일어날 것이라고 확신합니다. 우리는 다음 세기에 세계를 분할하기 위해 계획되고 있는 모든 음모에 대해서 알고 있습니다. 두 명의 미국 대통령 후보자는 라틴아메리카에 있어서 금세기는 '미국의 세기'가 될 것이라고 선포했습니다.

분쟁은 단지 제3세계에서뿐만 아니라 이해관계의 갈등 때문에 유럽에서도 심각한 수준이 되어가고 있습니다. 수세기 이전에 세계화가 세계분할과 더불어 시작되었다는 지적은 아주 적절합니다. 1차 세계대전 이전에 주요한 해외투자의 확대가 이루어졌습니다. 오늘날에는 통신 등 다른 여러 분야의 발전에 의해 뒷받침되는 새로운 종류의 세계화가 진행되고 있습니다.

나는 위기가 도래하고 있다고 확신합니다. 오늘 이 자리에서는 일종의 혁명이 일어났습니다. 최소한 이 회의는 우리로 하여금 자유롭게 의견을 표현하고, 신념을 말할 수 있게 해 주었습니다. 나는 더 많은 사람들이 세계은행, 국제통화기금, 여러 형태의 차관에 대한 종속성에도 불구하고 자신의 입장을 과감히 피력하기 시작할 것임을 믿어 의심치 않습니다. 쿠바는 국제통화기금이나 세계은행 그 어느 것에도 종속되어 있지 않기 때문에 절대적 자유를 가지고 말할수 있습니다. 그것은 우리의 특권입니다. 지난 10년간 우리는 이중 봉쇄를 견뎌내야만 했습니다. (소연방이 붕괴되었을 때 우리는 이중으로 봉쇄된 상태였습니다.) 그리고 우리는 40년 동안 혁명을 통해 이룩한 업적 덕분으로, 그리고 우리 조국과 국민이 진정한 정치의식과 위대한 연대의 정신을가졌기 때문에 버틸 수 있었습니다.

나는 이 회의가 아주 유용할 것이며, 많은 사람들이 만나고, 얘기하고, 의견을 교환했다고 생각합니다. 이 회의석상에서 가장 고통스러운 문제들이 거론되었습니다. 나는여기 있는 모든 사람이 자기주장을 펼칠 수 있었다는 느낌을 가지고 떠나려 합니다. 어제 점심시간의 회의석상에 앉아있던 막강한 사람들은 아무도 여기에 참석하지 않았습니다. 여기 있는 우리는 인도 같은 일부 거대국가와 더불어대부분 가장 작은 국가들입니다. 가장 심각한 고통을 당하고 있는 자들이 여기에 있고, 우리는 자유롭게 말할 수 있었습니다. 나는 이러한 것들이 아주 희망적이라고 생각합니다.

이 문제들에 대해 계속 고민해 보겠습니다. 이 회의는나에게 아주 커다란 격려가 되었습니다. 왜냐하면 우리의의식이 성장하고 있음을 확인할 수 있었기 때문입니다. 이러한 의식을 가지고서 우리는 압력을 가하고, 투쟁할 수 있는 것입니다. 우리가 진실을 말할 때 그들은 결코 우리를 무시할 수 없습니다. 위기가 폭발하게 되면 우리는 현재 이 세계를 지배하고 있는 정치·경제 질서상의 변화를 위해 준비함과 동시에 이 유엔의 변화를 위해서도 준비를 해야 합니다.

# 5

전쟁, 인종차별,
경제적 불의

할렘, 리버사이드 교회

2000년 9월 8일

실제로 우리는
불확실성으로 가득 찬 밀레니엄을
시작하고 있습니다.

# 전쟁, 인종차별, 경제적 불의

할렘, 리버사이드 교회, 2000년 9월 8일

쿠바에서 어린이와 국민들을 위해 무슨 일을 했는지, 또 세계 다른 지역의 어린이와 인류를 위해 어떤 노력을 했는지에 대해 질문을 받았을 때, 내 머릿속에는 무언가가 떠올랐습니다. 난 그것이 하나의 용어로 지칭되고 있음을 알고 있습니다. 인권침해. 그들은 그것을 '인권침해'라고 부르고 있으며, 또한 그들은 40년 넘게 계속해 온 반(反)쿠바 경제전쟁을 정당화하기 위해 그 말을 사용해 왔습니다.

나는 이 교회로 오는 길에 이번 유엔 방문이 네 번째임을 상기했습니다. 처음 방문했을 때, 유엔 근처 호텔에서는 나를 재워주지 않았습니다. 내가 선택할 수 있는 방법은 두 가지였습니다. 하나는 유엔 앞마당에 텐트를 치는 것이었습니다. 산악지대에서 내려온 지 얼마 안 되는 게릴라 투사였던 나에게 텐트 치는 일 따위는 전혀 어려운 일이 아니었습니다. 다른 방법은 도시의 호텔에 머물 수 있도록 초대해 준 할렘으로 오는 것이었습니다. 나는 바로 결정했습니다.

"나의 가장 절친한 친구들이 있는 할렘으로 가자."

(청중 가운데 한 사람이 큰소리로 외쳤다. "우리 집이 당신의 집입니다!")

감사합니다. 이러한 호의는 큰 부자들의 아름다운 집에서 그들이 자주 나에게 했던 말이기도 합니다. 그들은 내가 그렇게 느낄 수 있는 희미한 신호를 보냈습니다. 하지만 나중에 우리가 가난한 사람들을 돕는 일을 시작하자 그들은 그런 신호를 즉각 중단했습니다. 그렇지만 나는 당신들 속에는 가난한 사람들에 대한 관용이 있음을 느낄 수 있습니다.

1979년 두 번째 방문 때 기억나는 것은 내가 세계 가난한 모든 나라를 위해 발언했다는 사실입니다. 세 번째, 나는 할렘뿐만 아니라, 오늘 이 자리에서 누군가가 말했듯이, 브롱스(Bronx)도 방문했습니다. 이번에도 나에게는 절친한 이웃을 방문할 수 있는 영광이 주어졌습니다. 나는 그것이 '리버사이드'라고 믿습니다. 맞습니까? 나는 강가(Riverside)에 있지만, 바로 강의 중심 즉, 가장 순수하고 고고한 우정의 강

92

중심에 내가 있다고 믿습니다.

　여러분들은 나에게 뉴욕 방문이 쉽지 않다는 것을 이해하리라 믿습니다. 그러한 증거는 많습니다. 하지만 이번에는 그렇게 어렵지 않았습니다. 많은 동지들이 크게 걱정했습니다. 우리는 특별한 시기를 살고 있습니다. (미국과 소련 붕괴의) 이중 봉쇄에 직면했던 '특별시기' 가 아니라, 대통령 선거와 관련된 특별시기라는 뜻입니다. 나는 살해부터 시작해서 미국감옥 수감에 이르기까지 모든 종류의 협박을 받았습니다.

　하지만 그것은 아주 중요한 회의였습니다. 그들은 그 회의를 '밀레니엄 정상회의' 라고 불렀습니다. 실제로 우리는 불확실성으로 가득 찬 밀레니엄을 시작하고 있습니다. 20세기는 (2000년) 12월 31일이면 끝납니다. 하지만 그 끝이 우리에게 제시하는 또 다른 의미는 인류가 지극히 어렵고 고통스런 상황에서 21세기로 들어가려 하고 있다는 사실입니다. 나는 어떤 이유를 달고서라도 참석하지 않을 수 없었고, 비자취득에 필요한 복잡한 절차를 거친 후 비행기를 타게 되었으며 아주 기뻤습니다.

　밀레니엄 정상회의가 나한데 왜 그렇게 중요한 것일까요? 그것은 이 세계가 진정으로 파국적인 상황을 겪고 있기 때문입니다. 낙관론을 가장하거나, 세계에서 실제로 일어나고 있는 사실을 무시하려는 전문가들을 절대 신뢰하지 마십

시오. 나는 여기 있는 여러분의 조국 미국의 많은 시민들이 직접 방문한, 세계 전 인류의 4분의 3이 살고 있는 제3세계의 상황에 관해서는 확실한 통계자료를 가지고 있습니다. 그 중 일부를 가지고 왔습니다. 이 자리에서 몇 가지 통계를 제시해 보려 합니다.

제3세계에는 13억의 가난한 사람들이 있습니다. 즉, 3명 중 1명이 빈곤상태에 처해 있다는 말입니다. 세계 8억 2천만 인구가 기아에 허덕이고 있으며, 그 중 7억 9천만 명이 제3세계에 살고 있습니다. 갓 태어난 제3세계 아이의 예상수명은 선진국보다 18년이나 짧습니다. 오늘날 남반구에 살고 있는 6억 5천4백만 명은 지금 내 나이의 반도 안 되는 40년을 넘기지 못할 것으로 추정됩니다. 전 세계 출산사망의 거의 99.5퍼센트가 제3세계에서 발생합니다. 유럽에서는 1,400명당 한 명인 출산사망률이 아프리카에서는 16명당 1명입니다. 아프리카에서 영아 만 명당 사망하는 산모의 수는 유럽에 비해 백배 이상 됩니다.

해마다 제3세계에서는 5세 이하 어린이 천백만 명 이상이 치료가능한 질병으로 죽어 가고 있습니다. 이것은 하루에 3만 명, 1분에 21명 꼴입니다. 45분전 이 모임이 시작된 이후에도 천여 명이 죽어 갔다는 의미입니다. 제3세계에서는 어린이 5명 중 2명이 성장지체로 고통 받고 있으며, 3명 중 1명은 연령 대비 저체중 상태입니다.

제3세계에서는 어린이 천 명 중 64명이 1년도 살지 못하고 죽습니다. 이 통계는 전 제3세계 국가들의 평균입니다. 영아사망률(출생아 1000명 중 1년 이내에 사망하는 비율)이 7에도 약간 못 미치는 쿠바도 포함해서 말입니다. 아프리카의 많은 나라에서는 아동 천 명 가운데 2백 명이 사망합니다. 세계에서 매분 발생하는 11건의 바이러스 양성반응 사례 가운데 10건이 사하라 사막 이남의 아프리카에서 발생하는데, 현재 감염된 총 수가 2천5백만 명을 넘어섰습니다.

이 모든 사태는 전 세계에서 8천억 달러가 군비지출에, 4천억 달러가 마약에, 1조 달러가 상업광고에 소비되고 있는 오늘날 발생하고 있습니다.

1998년 말, 제3세계의 외채는 2조 4천억 달러에 달했습니다. 단지 18년 전인 1982년보다 4배나 증가한 액수입니다. 1982년부터 1998년까지 이 국가들은 외채상환에만 3조 4천억 달러 이상, 다시 말하면, 현재의 외채보다 1조 달러나 더 많은 돈을 지불했습니다. 하지만 외채는 줄어들기는커녕 그 16년 동안 45퍼센트나 증가했던 것입니다.

개방무역체제가 창출해 낼 기회를 강조하는 신자유주의 담론에도 불구하고 세계인구의 85퍼센트에 달하는 저발전 국들은 1998년에 전 세계 수출의 34.6퍼센트밖에 차지하지 못했습니다. 1953년 이후 인구는 두 배가 되었음에도 불구하고 이 수치는 그때보다도 더 감소한 것입니다. 1992년에 공식적인 경제개발 원조액은 선진국 국민총생산의 0.33퍼센트였던 반면 1998년에 그 비율은 0.23퍼센트로 감소했는데, 이는 유엔이 설정한 목표인 0.7퍼센트에도 훨씬 못 미칩니다. 부국은 점점 더 부유해지는 반면에 세계발전에 기여하는 빈국들의 역할은 해마다 감소합니다. 해가 갈수록 연대감과 책임감은 더욱더 줄어들고 있습니다.

다른 한편, 수출입에 소요되는 일일 통화규모는 약 1조 5천억 달러에 이르렀습니다. 이 수치에는 이른바 복합 금융상품을 포함한 거래액은 포함되지 않았는데, 그 액수만 거의 앞의 수치에 가깝습니다. 즉, 3조억 달러의 투기거래가 매일 이루어지고 있는 실정입니다. 만약 모든 투기거래에 1퍼센트의 세금만 부과하더라도 그 세금으로 자연 및 환경보호에 필요한 대책을 강구하여, 개발도상국가의 지속가능한 발전을 충분히 이룰 수 있을 것입니다. 실제로 이러한 국가들은 성장하강국면과 뚜렷한 저발전에 처해 있습니다. 왜냐하면 부국과 빈국 간의 격차가 매일 더 벌어지고, 동시에 이 국가들 내의 빈부격차도 더 커지고 있기 때문입니다.

예컨대, 나는 여기 모인 모든 사람의 은행잔고 총액이 과연 이 나라의 시민인 세계 최고 갑부 재산의 1000분의 1이라도 되는지 물어보고 싶습니다.

주식시장이 창출될 경우 내가 묘사한 현상들은 존재하지도 않게 됩니다. 이것은 오늘날 완전히 새로운 현상이자 정말 말도 안 되는 현실입니다. 돈이 돈을 낳는 투기적 거래는 상품이나 서비스 생산과는 전혀 무관한 것입니다. 이것이 지난 30여 년 동안 통제불능 상태로 발전되어 오고, 또 매일 엄청나게 증폭되어 가는 현상입니다. 이러한 광란의 도박을 경제라고 할 수 있습니까? 인류의 생명에 필요한 것을 충족시키는, 진정한 경제가 그러한 도박경제에 버틸 수 있겠습니까?

자금은 이제 더 이상 상품생산에 일차적으로 투자되지 않습니다. 자금은 더 많은 돈을 벌어들이기 위해, 역사적으로 그랬던 것처럼 생산과정을 통하는 것이 아니라 가장 복잡한 컴퓨터와 소프트웨어를 통해 통화, 주식, 복합 금융상품에 투자됩니다. 이것이 바로 신자유주의 세계화의 허황된 과정이 가져온 결과입니다. 매년 의학 연구에 투자되는 560억 달러 중 겨우 1퍼센트만이 저발전국들의 4대 재앙인 폐렴, 설사, 결핵, 말라리아 연구에 사용됩니다. 에이즈 양성의 비극에 직면한 환자 치료에 사용되는 최신 신약의 가격은 선진국에서 1만 달러입니다. 하지만 실제 생산비는 약 1천 달러입니다.

가장 고귀한 원칙 중 하나는 연대의 원칙이므로 우리는 세계가 직면하고 있는 공동의 비극을 잘 알고 있습니다. 인간과 인간의 고귀한 감정에의 잠재력, 그리고 선행과 이타주의에 대한 능력을 믿지 못하는 자들은, 우리가 쿠바의 어린이들뿐만 아니라 아이티, 과테말라, 도미니카공화국, 푸에르토리코, 아프리카, 세계 모든 나라 어린이들의 고통에 대해 함께 아파한다는 사실을 결코 이해하지 못할 것입니다. 인간이 다른 사람의 고통을 전혀 느끼지 못하면서 지고의 정신을 획득할 수는 없습니다.

자신의 아이나 친척과 마찬가지로, 다른 사람들 죽음에 대해서도 같은 슬픔을 느낄 때, 인간은 가장 위대한 정신과 잠재력을 획득할 수 있습니다.

여러분들 중 많은 사람들, 아마도 대다수는 기독교인일 것입니다. 그리고 우리는 교회에 함께 모여 있습니다. 그렇다면 이것이야말로 그리스도가 설교한 바로 그 내용입니다. 이것이 바로 "이웃을 사랑하라"는 말이 우리에게 의미하는 바입니다. 이것이 바로 쿠바가 능력이 되는 한 다른 나라를 도와주려고 하는 이유입니다.

이러한 연대정신을 입증할 수 있는 통계가 있습니다. 우리의 동지 50만 명이 세계 각지, 특히 아프리카의 많은 국가에서 국제적 임무를 수행하고 있습니다. 그들은 의사, 교사, 기술자, 건설노동자, 군인 등입니다. 많은 사람들이 인종차별정책과 파시즘이 횡행하는 남아프리카공화국에 투자하고, 교역하고 있을 때, 수만 명의 자발적인 쿠바군인들은 인종차별정책과 파시즘국가의 군인들에 대항해서 싸웠습니다. 오늘날 앙골라는 아직도 잔혹한 내전상태에 시달리고 있지만 많은 사람들이 점점 더 앙골라의 독립보존을 주장하고 있습니다. 수년 동안 그 마피아들에게 무기를 제공한 세력이 문제입니다. 거기에는 인종차별주의 정권과 그렇지 않은 정권들도 포함되는데, 나는 지금 여러분에게 보내는 존경심을 가지고 그들을 대할 수는 없습니다. 아무런 대가도 없이 임무를 수행하고 있는 50만 명의 자원봉사자들은 석유나 다이아몬드 같은 광물자원, 혹은 그 나라에 투자하기 위해 간 것이 아닙니다. 우리의 국제주의자들이 의무를 수행하고 있는 국가들에서 쿠바가 투자한 곳은 한 곳도 없습니다. 쿠바는 단 1달러의 투기자본도, 단 한 평의 땅도 소유하지 않고 있습니다.

위대한 아프리카 지도자 아밀카 카브랄(Amilcar Cabral)[10]은 다음과 같은 예언을 한 적이 있습니다. "쿠바 군인이 조국으로 돌아갈 때 가지고 가는 것은 전사한 동지의 유해가 전부다." 나에게는 잊지 못할 영광이기도 한 말입니다.

누구도 그 저주스러운 인종차별 정권을 막지 않았습니다. 누구도 경제전쟁을 하지 않았습니다. 독재와 인종차별 정권에 반대하는 그 어떤 토리첼리 법안도, 헬름스-버튼 법안도 없었습니다. 그런 법안은, 항상 연대정신에 기여해 왔고, 앞으로도 항상 기여할 쿠바에 대해서만 채택되어 왔습니다.

영아사망률을 60명에서 7명 이하로 감소시키기만 하더

라도 수십만 명 어린이의 생명을 구할 수 있습니다. 쿠바에서는 무상으로 모든 어린이의 건강을 보호하고, 75세 이상의 수명을 보장해 왔습니다. 게다가 우리는 생명을 보호하는 것뿐만 아니라 모든 국민에 대한 무상교육, 그것도 이기적인 2류 교육이 아니라 연대정신에 기초한 진정한 교육을 보장하고 있습니다. 유네스코가 수행한 연구에 의하면 쿠바 어린이들이 라틴아메리카 다른 나라의 어린이들보다 거의 두 배의 지식을 갖고 있는 것으로 밝혀졌습니다.

우리는 또한 전 혁명기간을 통하여 아프리카와 제3세계 다른 지역 수십만 명의 어린이의 생명을 구하고, 수천만 명에게 의료혜택을 제공해 왔습니다. 2만 5천 명이 넘는 의료진이 이러한 국제 프로젝트에 참여해 왔습니다. 그들은 이것을 '인권침해'라고 부르고, 이것이 우리가 전복되어야 하는 이유라고 합니다.

우리의 혁명은 역사를 가지고 있습니다. 40년이 넘는 이 혁명기간 동안 어느 한 순간에라도, 혁명으로 인해 단 한 명의 쿠바인이 살해되었거나 단 하나의 암살대라도 있었다면, 또는 단 한 사람이라도 실종되었거나 단 한 명이라도,—다시 한번 강조합니다—단 한 명이라도 고문을 받았다면, 내가 여기서 발언할 수 있는 도덕적 권리는 절대 불가능할 것입니다. 쿠바국민들은 이를 너무나 잘 알고 있습니다. 그들은 아주 높은 정의감으로 무장된 혁명적 국민입니다. 그들은 내가 언급했던 단 한 건의 행동도 용납하지 않았을 것이며 이러한 국민들이 40년이 넘는 전 시기에 초지일관 혁명노선을 준수해 왔습니다.

우리나라는 병원, 학교, 사회보장, 저소득층을 위한 기초생계자원을 포기하게 만들기 위한 '경제충격' 정책에 결코 굴복하지 않았습니다. 우리는 이러한 신자유주의 정책을 거부해 왔으며, 그러한 조치를 실행하지 않았습니다. 이렇게 가혹하고 어려운 상황에 직면하여 우리가 실천해 온 조치들에 대해서는 국가회의뿐만 아니라 전 국민이 함께 논의하였습니다.

국가회의 구성원의 약 절반은 당의 개입 없이 국민이 추천하고 선출한 지역대표들입니다. 당의 유일한 역할은 선거 과정에서 헌법과 법률이 규정하는 절차가 지켜지도록 하는 것입니다.

어느 누구도, 단 1페니도 사용할 필요가 없습니다. 지역의 후보들은 각 선거구 규모에 비례하여 모든 지역에서 추천한 국가회의의 후보 자격으로, 각 집단 단위로 선거운동을 합니다. 물론, 모든 국민들은 국가회의에서 최소한 두 명의 대표를 갖게 됩니다. 이러한 제도가 우리들이 민주적 원칙을 보장하기 위해 발전시켜 온 절차입니다. 앞서 말했듯이, 어려운 '특별시기' 상황에 대처하기 위한 조치를 채택할 경우, 그 모든 것은 노동자, 농민, 학생, 다른 대중조직과 더불어 일차적으로 일반 국민의 차원에서 논의에 붙여지고, 다음으로 수천 개의 군 및 구 단위의 국가회의, 그리고 인민 권력 국가회의의 순으로 논의를 거치게 됩니다. 인민권력 국가회의에서 그 제안이 검토된 다음, 최종 채택 전에 더 깊은 논의를 위해서 다시 한 번 일반 국민의 차원으로 되돌려 보내집니다.

이러한 조치들은 모든 국민을 보호하고, 그들의 사회보장을 위한 것입니다. 주요 조치들 중에는 술, 담배, 여타 사치품에 대한 세금부과안도 포함됩니다. 약품, 식품, 여타 필수품들에는 전혀 세금이 없습니다. 우리 정부는 온갖 어려움에도 불구하고 모든 7세 미만 어린이에게 매일 1리터의 우유를 제공하고 있습니다. 그 정도 우유의 비용이 얼마인지 알고 계십니까? 공식 환율로 환산하면, 미국 돈으로 단 1.5센트입니다. 우리는 아직까지 배급카드를 가지고 있습니다. 그 카드는 일부 식품 때문에 아직 필요합니다. 하지만 세계시장에서 12~15센트 하는 쌀(쿠바와 가장 가까운 국가에서 구입할 수 없기 때문에 필요한 해외수송비, 국내수송 및 배송비 등은 포함되지 않았습니다) 1파운드는 1.5센트 이하로 소비자에게 제공됩니다. 콩 1파운드의 가격도 우유 1리터와 같은 1.5센트입니다.

쿠바에서는 대다수 국민들에게 집을 무상으로 제공합니다. 왜냐하면 혁명법령을 통해 오늘날 85퍼센트 이상의 집들이 현재 살고 있는 사람들 소유가 되었기 때문입니다. 그들은 그 집에 대해서는 세금도 내지 않습니다. 산업과 서비스에 필수적인 오지의 일부 집들에 대해서만 거주자들은 아주 적은 임차료를 내거나 사용권을 보장받습니다. 따라서 어떤 사람이 쿠바에서 매월 15달러 혹은 20달러를 번다고 하면, 그 사람이 뉴욕에 살았을 때 지불해야 할 아파트 임대료, 교육비, 만만치 않을 의료비, 또 다른 비용 등은 부담하지 않아도 된다는 의미입니다. 나는 우리가 가난하지 않다거나, 우리에게 부족한 게 없다고 말하는 것이 아닙니다. 단지 우리의 가난과 재산을 가능한 한 공평하게 분배했다는 것을 말하고 싶은 것입니다.

기초약품 가격은 40년 이전의 1959년 가격과 같습니다. 1959년에, 가격을 절반으로 인하했는데, 그것은 혁명이 이룩한 첫 번째 업적 중 하나였습니다. 필요한 사람들은 병원에서 무상으로 약품을 제공받습니다. 심장이식, 간이식, 또는 고비용의 수술이나 치료가 필요한 경우에도 약품은 언제나 무상으로 제공됩니다.

혁명은 국민을 위해서 이러한 일을 했던 것입니다. 미국 정부가 미국이민자 가운데 가장 건강한 청년이 쿠바청년이라는 사실을 인정하는 것은 너무나 당연합니다. 게다가 쿠바인은 라틴아메리카나 카리브 지역의 이민자들보다 높은 자질을 가지고 있습니다.

우리의 국제적 연대정신은 그 '특별시기' 동안에도 조금도 흔들리지 않았습니다. 우리는 1980년대에 2만 4천 명에 달했던 외국인 학생들에 대한 장학금을 삭감해야 했습니다. 쿠바는 세계 모든 국가 중 일인당 외국인 학생 수가 가장 많은 나라입니다. 우리는 그 외국인 학생들에게 단 1센트도 부과하지 않았습니다. 쿠바에 유학해서 공부하고, 졸업한 전문가와 기술자들 수만 명이 아프리카에서 일하고 있습니다. 세계 각지에서 온 학생들(특히 그 학생들이 세계에서 가장 가난한 대륙에서 왔다는 의미에서 나는 아프리카를 강조합니다)의 수가 지난 10여 년 동안 다소 감소하긴 했지만 말입니다.

우리는 또한 어쩔 수 없이, 다른 국가에 대한 의료보건 지원 프로그램 예산을 몇 년 동안 삭감해야 할 처지에 있습니다. 하지만 나는 현시점에서 우리가 제3세계에서 무상서비스를 제공할 수 있는 의사와 의료진들을 과거 어느 때보다 더 많이 보유하고 있다고 당당하게 말할 수 있습니다. 허리케인 조지(나는 왜 미국 독립전쟁의 선구자이자 초대 대통령 이름을 따라서 이름을 붙였는지 그 이유를 알 수 없습니다)가 대참상을 야기하고, 수많은 사람을 죽음으로 몰아넣었을 때, 우리 쿠바는 우리 반구에서 가장 가난한 아이티에 그들이 필요로 하는 모든 의사를 파견했습니다. 그런 다음 몇 주 뒤에 똑같은 사태가 중미에서 발생했습니다. 허리케인 밋치(Mitch)였습니다. 이 허리케인은 기후변화를 가져올 정도로 엄청난 비를 뿌려댔습니다. 이 사태는 특히 파괴적이었습니다. 왜냐하면 부국으로 수출할 목재의 숲이 황폐화되었기 때문입니다. 우리는 아이티에 제공했던 것과 마찬가지로 중미국가들에게 같은 원조를 제공하고, 수백 명의 의사를 즉각 파견했으며, 종합 의료보건 프로그램 개발을 제안했습니다.

우리는 그러한 노력이, 재난 직후 2~3주 동안만 지원하고는 철수해 버리는, 단지 많은 의사들의 파견 문제만은 아니라고 믿습니다. 왜냐하면 허리케인 당시, 가장 비관적 예측은 사망자가 3만 명 이상일 것이라고 보도했습니다. 하지만 실제 사망자수는 만 5천 명 정도였습니다. 그 이유는 실종되었다가 나타난 사람들이 많았기 때문입니다. 우리는 어른들은 차치하고라도, 중미에서 해마다 치료가능한 질병에 의해 4만 명이 넘는 어린이들이 죽어 가고 있음을 이미 잘 알고 있습니다. 허리케인 밋치에 의한 사망자의 세 배에 해당합니다. 밋치보다 훨씬 잔인하고, 지금도 진행 중인 조용한 허리케인인 것입니다. 하지만 어느 누구도 그에 관해 얘기하려 들지 않습니다.

독자적인 행동이 가능한 중미국가들 중심으로 우리 쿠바의사들을 받아들였습니다. 일부 국가들은 수용하지 못했습니다. 당시 수립된 의료보건 프로그램이 아직도 잘 작동하고 있습니다. 뱀과 모기가 득실거리고, 전기도 들어오지 않는 이 국가들 가운데 가장 고립된 오지에도 현재 설비기술자와 특수간호사 일부를 포함한 약 450명의 쿠바의사와 의료진들이 활동하고 있습니다.

이러한 프로그램은 현재도 잘 작동하여 확대되어 가고 있습니다. 우리는 약품이 없기 때문에 그 약품을 제공하지는 못합니다. 관련국가 정부나 일부 비정부조직들이 그 약품을 제공합니다. 하지만 쿠바의사들의 서비스는 완전히 무상으로 제공되고 있습니다.

오늘날 아이티에는 4백만 명 이상에게 의료혜택을 제공하는 쿠바의사 수백 명이 있습니다. 그 나라의 주요 병원에 전문가 그룹이 활동하고 있으며, 그들은 전문인력이 부족한 병원에서도 필요한 환자들을 치료하고 있습니다.

그렇게 비싸지 않은 주사로, 단순한 면역요법을 따르기만 하면 생명을 구하는 것이 그리 어려운 일도 아닙니다. 만약 최소비용으로 생명을 구하고 치료하는 의료보건정책을 적용한다면 더더욱 그럴 것입니다. 단 몇 페니로도 제3세계에서 죽어 가고 있는 수백만 명의 어린이 생명을 구할 수 있습니다.

우리는 중미에 약 2천 명을, 그리고 아이티에는 필요한 만큼의 의사를 파견했습니다. 그것이 우리가 했던 전부는 아닙니다. 군비지출 삭감으로 인해, 쿠바에서 주요 군사시

설이었던 예전의 군사학교에 우리는 의학학교를 세웠습니다. 그 학교에서는 아주 먼 지역의 출신인 약 천명의 가난한 중미청년들이 의학을 공부하고 있습니다. 그들은 먼저 6개월 동안 예과공부를 한 후 2년 동안 기초과학을 공부합니다. 그 후에 쿠바에 있는 의학대학 가운데 한 곳에서 4년 동안 공부하게 됩니다. 쿠바에는 의학대학이 20개가 있는데 현재 학생은 4만 명 정도입니다.

앞서 말한 신설학교에는 현재 3천 명 이상의 학생이 있습니다. 신입생들은 신학기 몇 개월 동안 예과과정에 들어가게 됩니다. 3월에 1,700명이 들어오면, 총 등록학생 수는 5천 명에 달하게 됩니다. 3년 동안 학비를 내지 않고, 장학금을 받는 4만 명의 쿠바대학생들보다 더 좋은 음식을 제공받는 라틴아메리카 의학대학생 수는 8천 명이 넘을 것입니다. 이것이 '라틴아메리카 의학대학'이라 부르는 총 프로그램으로서, 여기에는 쿠바 전역에 있는 모든 의학대학이 포함됩니다.

쿠바는 봉쇄에도 불구하고 이런 프로젝트를 시행해 오고 있습니다. 학생들은 적절한 음식, 숙소, 실험장비, 교재, 의복까지 제공되는 완전 무상교육을 받고 있습니다. 통학비 등과 같은 다른 비용도 지급됩니다. 단합, 공동체, 문화교류 등을 촉진시키려는 노력의 일환으로 전 라틴아메리카 지역 학생들에게까지 초청을 확대하였습니다. 학교에는 각 국가

107

를 대표하는 문화집단이 있습니다. 학생들은 다른 나라들에 관한 많은 지식을 가지고 돌아갈 것입니다. 무엇보다도 중요한 것은 의사의 사회적 역할에 관한 새로운 개념과 철학을 정립한다는 것입니다. 왜냐하면 라틴아메리카 국가들의 수도나 다른 큰 도시에도 많은 의사들이 있지만, 의사가 행해야 할 진정한 의무에 대해서는 전혀 듣지도, 생각하지도 못하고 있습니다. 학생수 등은 이 프로그램의 저변에 깔린 철학과 사상에 비하면 전혀 중요한 것이 아닙니다.

해가 뜨는 것을 당연하게 생각하듯이 이러한 기회를 대수롭지 않게 생각하는 쿠바학생들보다 이 학생들이 얼마나 공부에 열중하고, 또 얼마나 더 헌신적으로 임하고 있는지는 상상을 초월합니다. 라틴아메리카 학생들은 꿈속에서나 의학공부를 소원하던, 아주 가난한 지역에서 왔습니다. 그 결과는 놀라웠습니다. 이렇게 공부한 학생들은 우수한 의사가 됩니다. 그들이 공부에 쏟아 붓는 노력은 우리에게 보상 이상의 충분한 의미를 가집니다.

아프리카에서는 어떠합니까? 수만 명의 아프리카인을 쿠바로 데려오는 것은 불가능합니다. 인구 4천 명당 한 명의 의사를 두기 위해서도 아프리카에는 십육만 명의 의사가 더 필요합니다. 사하라사막 이남의 아프리카에서 천 명당 한 명의 의사를 두기 위해서는 약 59만 6천 명이 필요합니다. 그 많은 의사를 어떻게 수련시킬 수 있습니까? 아프리카를 위한 우리의 '종합 의료보건 프로그램' 실현이라는 한 가지 해법이 있습니다. 우리에게는 사하라사막 이남의 아프리카에 보낼 수 있는 의사 3천 명이 있습니다. 그들의 첫 번째 임무는 필요한 곳에 의학학교를 개설하는 것입니다. 그들은 고등학교 졸업생을 초청해서 6개월간의 진학코스를 통해 학교를 개설합니다. 우리는 쿠바의사 158명이 일하고 있는 감비아에서 이 과제를 완수했습니다. 그들은 우리에게 90명의 의사를 더 요청했고, 우리는 이를 수락했습니다. 이 나라는 우리의 '종합 의료보건 프로그램'이 시행된 첫 번째 국가였습니다. 그 이전에 감비아에는 총 인구 1백 2십만 명에 의사는 단 30명뿐이었습니다.

두 번째 나라는 적도 기니(적도 아프리카 서쪽 끝의 공화국, 수도는 말라보–옮긴이)로서 100명이 넘는 쿠바의사가 이미 진료하고 있고, 의학학교도 개설했습니다. 우리는 오래 전에 기니비사우(Guinea-Bissau; 서아프리카공화국, 옛 포르투칼령 기니아, 수도는 비사우–옮긴이)에 의학학교를 개설했지만, 외국이 개입해서 지원하는 내란 속에 파괴되어 버렸습니다. 기니비사우는 그 학교를 재건할 능력이 없었으며, 그 나라 5,6학년 학생들이 쿠바에서 공부를 계속할 수 있는지 문의했습니다. 우리는 즉각 입학허가를 주었습니다. 학교재건이 계속 지연되자 기니비사우는 몇 주 전 우리에게 1,2,3,4학년 학생들도 올 수 있는지 문의했습니다. 우리는 즉시 수락했습니다. 이

제 그 학생들은 공부를 계속할 수 있게 되었습니다. 이것이 우리가 일하는 방식입니다.

수만 명의 아프리카 의사를 수련시켜야 할 중차대한 필요성은 존재하지만, 어느 누구도 이에 관해 신경 쓰지 않았습니다. 세계의 부국들은 오직 석유, 다이아몬드, 광물자원, 임업자원, 천연가스, 값싼 노동력에만 관심을 기울였습니다. 그 결과 오늘의 아프리카의 상황은 이전 식민지 시대보다도 훨씬 더 악화되어 있습니다. 훨씬 더 나쁘게 되어 있는 것입니다. 인구는 몇 배로 늘었으나, 상황은 지옥입니다.

나는 모든 카리브 국가들에게 학생들이 어떤 분야에서든 무상으로 공부할 수 있도록 대학 장학금을 제공했다고 말할 수 있습니다. 카리브 지역에는 많은 국가들이 있지만 총 인구는 그리 많지 않습니다. 그들은 영어를 구사합니다. 왜 내가 의학 분야에 관해 이토록 많은 이야기를 하는지 아십니까? 나는 최근에 아주 놀라운 사실을 알게 되었습니다. 미국의 몇몇 흑인 의원들이 쿠바를 방문했는데(이번이 이에 관한 첫 번째 공식적인 언급입니다.) 내가 한 미시시피 출신 의원에게 이 프로그램에 대해 얘기했을 때 그는 이렇게 말했습니다.

"내 지역구에도 단 한 명의 의사도 없는 곳이 많습니다."

"뭐라고요? 이제야 알겠습니다. 당신들은 미국의 제3세계입니다."

110

계속해서 나는 이렇게 말했습니다.

"우리는 제3세계 국가들에게 그랬던 것처럼 당신 지역에도 무상으로 의사를 보낼 준비가 되어 있습니다."

나는 현실이 진정 어떠한지 갑자기 깨달았습니다. 여러분은 항상, 미국이 얼마나 부유한지, 국민총생산액은 8조가 넘는다는 등의 얘기를 듣곤 할 것입니다. 그런데 나는 자신의 지역구에 충분한 의사가 없다고 이야기하는, 존경받고 있는 미국 하원의원에게 말했던 것입니다. 이것이 내가 "우리는 의사를 보낼 수 있다"고 얘기하게 된 동기입니다. 나는 학교를 상기하면서 "또 우리는 의과대학 학위를 얻는 데 필요한 2십만 달러가 없는 당신 지역구의 가난한 청년들에게 장학금을 제공할 수도 있다"고 즉시 덧붙였습니다. 의원들은 미국으로 돌아가서 그 문제를 상의했습니다. 국가가 다를 경우 전문적 훈련체제 사이의 상호통용성이 항상 문제이기 때문에 그 의원들은 이 문제와 연관하여 장학금 문제를 고려 중에 있다고 알려왔습니다.

나는 의원들에게 우리 의사들이 우수한 훈련을 받았음을 확인해 주었습니다. 쿠바의사들은 처음부터 지역의 의사들, 의료진과 접촉하고, 그들이 수료한 의학대학 6년 기간에는 이론연구와 임상경험이 포함되어 있습니다. 학생들은 수시로 병원과 접촉하고 있습니다. 우리 의학대학은 모든 지역에서 가장 중요한 병원과의 연계 하에 개설되어 있습니

111

다. 학생들은 그곳에서 인턴 과정을 수료하고, 전공분야를 수련하기 때문에 수도에서 공부하기 위해 지역을 떠날 필요가 없습니다.

미 하원의원은 나한테 다른 소수민족도 같은 상황에 직면해 있다고 말했습니다. 치카노(멕시코계 미국인-옮긴이), 인디언 보호구역, 다른 지역들에 대해 얘기하면서, 이러한 현실은 단지 라틴계와 이민자들뿐만 아니라 미국에서 태어난 사람에게도 해당된다고 했습니다. 나는 "당신네 국가는 너무 광대해서 우리가 다른 나라에서 하는 일을 다 할 수는 없을 것이다. 당신네 국가 안에 있는 제3세계에 얼마나 많은 사람이 살고 있는지는 모르지만, 대략 3~4천만 명 정도일 것"이라고 말했습니다.

더 듣고 싶습니까? 우리는 수백만 명의 인구에 충분한 의사를 보유하고 있지만 더 많은 의사를 보내지는 못했습니다. 왜냐하면 우리에게는 지켜야 할 약속이 너무나 많았기 때문입니다. 하지만 나는 다음과 같이 말했습니다. "당신들의 엄청난 문제를 해결할 수는 없지만 만약 의사가 필요하고, 의사들의 비자문제를 해결해 준다면 우리 정부는 그 문제에 대해 책임을 질 것이다."

국제주의 임무를 수행하고 있는 우리 의사들의 망명을 부추기는 정책 때문에 몇 주 전에 한 사건이 발생했습니다. 짐바브웨에는 의사가 충분치 않기 때문에 그 지역 병원에 쿠바의사 108명이 진료하고 있습니다. 로데시아 인종차별주의 정부는 어떤 흑인 의사도 수련시키지 않았습니다. 그래서 한때는 로데시아 영토였고, 이제는 독립한 짐바브웨 국가에, 20년이 지난 지금, 병원은 많지만 의사는 없는 상태입니다. 우리는 거의 모든 지역에 최소한 8~10명 정도의 팀을 만들어 우리 의료진을 파견했습니다. 여기에는 내과의사, 외과의사, 정형외과의사, 마취의사, 엑스레이 기술자, 의료장비 수리 담당 기술자 등이 포함됩니다.

이 의사들 가운데 두 명이 망명을 했는데, 이는 수조 달러나 들여 계속 소비주의를 부추기는 광고에 현혹되었음이 분명합니다. 그 두 사람은 유엔의 난민고등판무관실밖에는 갈 곳이 없었을 것입니다. 엘리안을 미국에 두기 위해 의회에서 그렇게 열심히 투쟁하던 바로 그 인물이, 즉각 행정부에게 이 두 사람의 비자를 발급하도록 했습니다. 누구도 그 의사들이 의료혜택을 제공하고 생명을 구해준 어린이들과 환자들이 방치되는 것에 대해서는 생각하지 않았습니다. 광고효과만 중요했으며, 그것은 "우리는 쿠바의사 두 명을 낚아채 갔다!"는 것입니다.

이와 같은 일이 쿠바계 미국인 마피아에 의해서도 자행되었습니다. 이 마피아는 (재미 쿠바인 전국) 재단이라는, 결코 명명되어서는 안 되는 이름으로 불리고 있습니다. 왜냐하면 그 조직은 테러조직이 되었기 때문입니다. 이제 그들은

과테말라, 온두라스, 벨리즈[중미 카리브 국가. 옛 이름 브리티시
온두라스(British Honduras), 수도는 벨모판(Belmopan)-옮긴이],
아이티, 기아나, 파라과이 등 이 프로그램이 현재 시행되고
있는 13개 국가에서 같은 일을 획책하느라 여념이 없습니다.
쿠바는 주로 아프리카 지역을 중심으로 이 프로그램을
30~40개국으로 확대할 계획입니다. 그들은 자신들이 얼마
나 많은 전문가들을 훔쳐갈 수 있는지 알고 있습니다!

그래서 나는 쿠바를 방문한 미국 하원의원에게 말했습
니다. "그들은 우리 의사들에 대한 비자를 어떻게 또 무슨
근거로 거부할 것인가? 그들이 비자발급을 거부할 도덕적
권리는 어디에 있는가?" 이 의사들을 파견하기 위해 우리는
쿠바조절법(Cuban Adjustment Act)의 적용에 의존해야만 할
것입니다. 우리는 그것을 살인조항이라고 부릅니다. 왜냐하
면 쿠바인들에게 허용된 특권이, 수천 명의 생명을 앗아가
게 하면서, 라틴아메리카나 다른 세계 국가들에게는 적용되
지 않기 때문입니다. 그것은 탈안정화, 혼란 등 반(反)쿠바
광고를 촉진시키는 수단입니다.

이것은 심각한 일입니다. 물론, 우리는 실제로 그렇게 되
지는 않을 것입니다. 만약 흑인 간부회의(의회 등에서 흑인 시
민권 운동을 추진하는 그룹-옮긴이)나 라틴아메리카 소수민족,
혹은 미국 원주민지역 대표 출신의 의원 그룹이 (미 재무부
나 납세자들이 전혀 비용을 지불할 필요도 없는) 우리 의사

114

들을 원한다면 미국정부가 비자를 거부하지 않기를 바랍니다. 나는 미국정부가 비자발급을 거부할 수 있는 어떤 논리도 발견할 수 없습니다.

미국정부는 쿠바의사들의 자질에 관해 이러쿵저러쿵 할 것입니다. 하지만 나는 우리 의사들이 어떤 판정관의 공정하고 엄격한 기준도 준수할 것이고, 이러한 임무를 명예롭게 수행하는 데 필요한 어떠한 자격시험에도 우수하게 합격할 것임을 절대 확신합니다.

미국이 학생들을 쿠바에 보내는 것이 더 용이합니다. 쿠바 의학대학에서는 이미 학생들을 수련하고 있고, 미국 안의 제3세계로부터 매년 250명의 학생을 수용할 준비가 되어 있습니다. 그 학생들은 스페인어도 배우고, 중남미 전(全)지역에서 온 청년들을 사귀며, 이들에게 미국과 미국문화에 대해 많은 것을 가르쳐 줌과 동시에 다른 나라 문화에 대해 배울 수 있습니다. 나는 이미 매년 250명에게 장학금을 지급하고 있습니다. 더 나아가 3월에 시작하는 예과 1년차 과정에 다른 소수민족도 포함시키려면 500명의 장학금을 제공해야 합니다. 우리가 후보자를 선별하는 것이 아니라, 지역구에 사는 가난한 청년들에게 의학공부를 지원하려는 의원들이 선별할 것입니다. 그리고 이 청년들은 의학대학을 졸업한 다음 다시 고향으로 돌아가 헌신할 수 있을 것입니다.

몇 가지만 덧붙이겠습니다. 나는 아프리카의 의료상황

이 거의 재앙에 가깝다고 말했습니다. 최악의 상황은 새로운 전염병이 전(全)대륙의 주민들을 전멸시키려고 위협하고 있다는 것입니다. 그 전염병은 사하라사막 이남에 있는 아프리카의 전 인구 즉, 5억 9천6백만 명의 생명을 위협하고 있습니다.

이것은 내가 오랜 생각 끝에 언급하는 아주 심각한 문제입니다. 나는 공연히 요란을 떨고 싶지 않습니다만 준비한 자료를 보지 않고서도 전 세계 에이즈 양성반응자 3천 5백만 명 가운데 2천 5백만 명이 아프리카인이라는 사실을 말할 수 있습니다. 여러 가지 자료 중에서도 주로 유엔 에이즈 프로그램 단장과 나눈 대화에서 정리한 자료에 의하면, 2백만 명 이상의 아프리카인이 해마다 에이즈로 죽어 가고 있습니다. 여러분들의 생각처럼 여기에는 청년들과 임신가능 연령의 산모들도 포함됩니다. 죽어 가는 2명당 5명의 비율로 에이즈에 감염되고 있습니다. 1천9백만 명이 이미 죽었고, 1천2백만 명이 고아가 되었습니다. 앞으로 10년 안에 이 숫자는 4천2백만 명에 이를 것으로 추정됩니다. 백신이 발견되기까지는 머나먼 여정이 가로놓여 있습니다.

인구의 30퍼센트가 에이즈에 감염되어 있고, 의사, 약품, 기간설비도 부족한 상황에서 가난한 제3세계 국가가 어떻게 발전할 수 있으며, 4천 2백만여 명의 고아들이 어떻게 양육될 수 있을지 의문입니다. 이런 대부분의 국가들에는 수많은 사람들이 영양실조 상태에 있고, 기아가 널리 퍼져 있습니다. 그런 상태에서 어린이들이 영양분을 섭취할 수 있겠습니까? 죽어간 사람들 천9백만 명 가운데 어린이들이 상당 부분을 차지했다는 것은 너무나 비참한 현실입니다. 이 어린이들은 출생시, 감염된 산모로부터 수직감염되었던 것입니다.

몇 주 전에 남아프리카공화국 더반(Durban)에서 회의가 개최되었는데, 아프리카 국가와 선진국 대표들이 발언을 했습니다. 그들은 이러한 심각한 문제를 다루기 위해서 노력해야 한다고 말했습니다. 그들은 마치 아프리카의 에이즈를 방금 발견했거나, 혹은 적어도 방금 발견한 것처럼 보였습니다. 그들은 무슨 조치를 취할 것이고, 비용절감을 위해 어떻게 제약회사와 협상할 것이며, 원조를 위해 얼마 정도의 돈이 필요한지에 대해 논의했습니다. 그들은 10억 달러, 혹은 그보다 조금 웃도는 정도를 이야기했습니다. 하지만 그 질병의 확산을 멈추게 하기 위한 치료제 가격을 만 달러에서 천 달러로 절감하더라도 해마다 250억 달러가 필요하다는 사실을 그들은 알아야 합니다. 면역치료제 비용이 5천 달러이면 천2백5십억 달러가 필요하고, 현재 가격대로라면 2천5백억 달러가 필요합니다.

우리는 그들이 비용에 관해 합의를 이루고, 의료 프로그램을 실행하는 데 얼마나 오랜 기간이 소요될지, 또 그러는 동안에 몇 배의 사람이 감염되고, 얼마나 더 많은 사람이 죽

117

어 가며, 또 얼마나 많은 고아가 더 탄생할지 지켜보아야 할
것입니다.

나는 선진국들이 협력해서 기본문제를 해결할 수 있다
고 확신합니다. 나는 일부 아프리카 대표들이 제기한 문제
를 언급했을 때, 다음과 같은 문제들을 염두에 두었습니다.
"핵심이 무엇인가? 만약 이러한 약품을 사용하는 데 필요한
기간설비가 구비되지 못한 경우에 무엇이 중요한 문제인
가?" 치료란 혼합된 약품이 어느 시간에 특정 조건 하에서
실행되는 것입니다. 그 치료란, 두통에 한 알 삼키기만 하면
되는 아스피린이 아닙니다.

어제 유엔에서는 많은 아프리카 대표들이 에이즈 문제
를 거론했고, 나는 더반 회의를 상기시키면서 말했습니다.
"만약 선진국에서 약품비용을 충당한다면, 우리나라가 제3
세계에서 수만 명의 의사들이 활동을 통해 획득한 경험으
로, 에이즈 및 다른 질병 퇴치를 위한 기간설비를 1년 안에
구축할 수 있을 것이다. 정치에 대해서는 염려할 필요가 없
다. 왜냐하면 쿠바의사들은 철저하게 한 가지 원칙, 다른 무
엇보다도 중요한 규칙, 즉 '정치, 종교 혹은 철학에 관한 논
쟁 금지'만은 엄격히 지킬 것이기 때문이다."

그 심각한 전염병 확산 때문에 많은 사람들이 조만간 노
동할 수 없거나 식량생산을 할 수 없게 되리라 봅니다. 에이
즈는 다른 질병을 동반하기 때문에 그들이 보유하고 있는 많

지 않은 병원침상은 더더욱 부족하게 될 것입니다.

　이러한 의료문제에다 우리는 해마다 백만 명의 목숨을 앗아가는 수백만 건의 말라리아 감염, 재감염 사례, 영양실조, 에이즈와 분명히 연관된 질병인 결핵으로 죽어 가는 3백만 명의 사례를 첨부해야 합니다. 나는 이미 전 세계에서 보건의료 연구 프로그램에 사용되는 지출 가운데 단 1퍼센트만이 열대성 질병 연구에 사용되고 있다고 언급했습니다. 기간설비는 에이즈 치료뿐만 아니라 또 다른 의료서비스를 제공하는 데도 사용될 수 있습니다. 만약 많은 사람의 생명에 영향을 미치는 다른 질병을 치료하거나 예방하기 위한 치료약과 백신이 있다면 이것들도 물론 퇴치될 수 있습니다. 실제로 아주 효율적인 서비스가 제공될 수 있습니다. 우리는 사하라사막 이남의 아프리카에서 가장 절실하게 필요한 국가들에게 최소한 100명의 의사를 파견할 수 있습니다.

　그 의사들은 기간설비를 구축하고, 청년들을 지도하고 훈련할 것입니다. 만약 그 의사들에게 6년제 교육을 받은 15세의 보조원들이 주어진다면, 그들은 보조원 교육을 통해서 간호학교에서 필요한 절반 기간 안에 간호사가 될 수 있습니다. 만약 그들이 정형외과의사, 외과의사나 전문가 과정을 수련하기 원한다면 레지던트 수련에 필요한 절반 기간에 그들을 수련시킬 수 있습니다. 그 의사들은 기간설비를 만드는 것보다 더 많은 일을 할 수 있습니다. 그들은 수만 명의 전문가들을 훈련할 수 있고, 게다가 의학대학이 없던 나라에 의학대학을 개설할 수 있습니다. 쿠바는 그런 서비스에 단 1센트도 받지 않고, 이 일을 수행하기 위해 기꺼이 몇 년이라도 기다릴 것입니다. 그들은 돈이 없다고 할 것입니다. 하지만 선진국뿐만 아니라, 소비할 것도 별로 없는 수십억의 저발전국 사람들에게 소비를 부추기는 엄청난 광고비 중 일부를 사용하거나, 현재 8천억 달러에 달하는 군비지출 가운데 일부를 사용할 수도 있습니다.

그들은 전 세계에 통용되는 채권을 발행할 수도 있고, 많은 선한 사람들의 기부금으로 채권을 살 수도 있습니다. 투기거래에 대해 약간의 세금만 부과하더라도 충분한 돈을 거둘 수 있으며, 그렇게 되면 단지 이 문제뿐만 아니라 전 제3세계의 발전을 위해서도 충분할 것입니다. 그것은 필요할 뿐만 아니라, 절대적으로 중요한 것입니다.

그런데 왜 그렇게 하지 못합니까? 세계 각지에서 이러한 파국적 사태가 발생하고 있는 때에 그들은 왜 인권에 대해 그렇게 많은 이야기를 합니까? 매년 살릴 수 있는 수천만 명의 죽음은 누구한테 책임이 있는 것입니까? 그 통계 속에는 어린이 천백만 명도 포함됩니다. 그 밖에도 치료받지 못하거나, 혹은 치료될 수 있는 일부 기형 때문에 죽어 가거나, 사고 직후 수술을 받지 못해 죽어 가는 십대들, 청년들, 성인들도 있습니다. 얼마나 많은 사람이 살 수 있는데도 죽어

가는지, 또 얼마나 많은 노인들이 더 살 수 있는데도 죽어
가는지는 잘 알려져 있지 않습니다.

50년을 산 사람—여러분 주위에는 그런 사람들이 많을
것입니다—은 10년, 20년, 혹은 30년을 더 살고 싶어 할 것
입니다. 70세 노인은 5년, 8년, 혹은 10년을 더 살고 싶어 할
것입니다. 내 나이인 74세의 사람들은 오늘 여러분이 기억
하듯이, 세계가 어떻게 발전해 가고, 어떤 예측이 실현되는
지를 보기 위해 4년, 5년 혹은 10년도 더 살고 싶어 할 것입
니다.

도덕과 명예로운 행동의 가치는 무한합니다. 그것이야
말로 인간이 가질 수 있는 가장 강력한 힘입니다.

나는 여러분에게 내 여행과 관련한 모든 위협에 대해 얘
기했습니다. 나는 몇 년 더 살고 싶다고도 말했습니다. 그럼
에도 불구하고 나는 여러분에게 단 하나의 원칙과 나의 생
명을 바꾸지 않을 것이고, 단 한 번의 불명예도 받아들이지
않을 것이며, 단 한 번의 위협에도 굴복하지 않을 것이라고
분명히 얘기할 수 있습니다. 나는 미국 방문비자를 갖지 못
했고, 단지 뉴욕과 그 주변 25마일 안에서만 돌아다닐 수 있
습니다. 그 지역을 단 한 걸음도 넘을 수 없지만, 이 나라의
뉴욕 여행을 시작했을 때 기뻤다고 말씀드렸습니다. 나는
여러분을 만날 수 있다는 희망을 포기하지 않고, 동시에 여
러 위협을 무시할 수 있어서 즐거웠습니다.

아마도 여러분에게 제기하는 이런 견해들은 여러분처럼 용기 있고, 우리에게 엄청난 연대감을 보여 준 많은 사람들에게 도움이 될 것입니다. 나는 제3세계의 심각한 사회문제들에 관해 언급했습니다. 세계에서 가장 부유한 미국 같은 부국에서도 심각한 사회문제가 존재합니다. 나는 그 중 몇 가지에 대해 말하고 싶습니다. 미국에서는 총 인구의 14퍼센트인 3천 6백만 명이 빈곤선 이하의 생활을 하는데, 이는 다른 선진국들인 유럽이나 일본보다 두 배나 높은 비율입니다. 4천 3백만 명은 의료보험도 없고, 또 3천만 명은 아주 빈약한 보험 때문에 실제로 없는 것과 마찬가지입니다.

3천만 명이 문맹이고, 또 다른 3천만 명은 기능적 문맹자입니다. 이 수치는 쿠바가 조작한 것이 아니라 국제기구가 발표한 공식 통계입니다.

흑인 인구 중 빈곤율은 29퍼센트를 넘습니다. 전체인구에 대한 비율은 14퍼센트입니다. 미국에 있는 흑인들의 빈곤율은 타인종보다 두 배 이상 높습니다. 흑인 어린이들의 비율은 40퍼센트로 증가합니다. 미국에 있는 일부 도시와 농촌지역에서 그 수치는 50퍼센트를 상회합니다.

경제적 팽창에도 불구하고 미국의 빈곤율은 서구 유럽 국가들보다 2~3배 높고, 미국 어린이의 22퍼센트가 빈곤 속에 살아갑니다. 이것 역시 공식 통계입니다.

모든 노동자들 가운데 단 45퍼센트만이 사회보장보험을

가지고 있습니다. 전 미국 인구 가운데 13퍼센트는 수명이 60세 이상을 넘지 못할 것으로 추정됩니다. 여성들은 동일 직종에서 남성들이 받는 급여의 73퍼센트밖에 받지 못하고 있고, 사회적 혜택에 대해서는 아무런 권리도 없는 시간제 노동자의 70퍼센트를 차지하고 있습니다. 1981년부터 1985년 사이에 이직을 경험한 신노동자 가운데 85퍼센트가 여성이었습니다.

상위 1퍼센트가 전체 부의 36퍼센트를 소유하고 있습니다. 1975년에는 20퍼센트를 소유하고 있었는데 그동안 16퍼센트나 증가한 것이고, 그 격차는 지금도 더욱 벌어지고 있는 실정입니다. 미국 감옥에서 교수형을 선고받고 현재 사형수 감방에 있는 3,600명의 죄수들 가운데 단 한 명의 백만장자도, 상위·중간 계급에 속하는 사람도 없습니다. 여러분은 그 이유가 궁금할 것입니다. 아니, 여러분은 아마도 나보다 더 잘 알고 있을 것입니다. 누구를 비난하려는 것이 아닙니다. 나는 단지 현실이 어떠한지를 말하고 있을 뿐입니다.

그러한 선고를 받지 않는 데 필수적인 우아함과 절제의 덕목을 갖추기 위해서 백만장자 범주에 도달할 필요가 있다는 것은 자명해 보입니다. 계속하기 쉽지 않지만 여러분에게 이러한 통계를 좀더 보여 주고 싶습니다.

위의 시기에는 강간이 사형죄로 간주되었음은 역사적

사실입니다. 강간으로 처형된 455명 가운데 405명이 흑인이었습니다. 다시 말하자면 10명 가운데 9명이 흑인이었다는 말입니다. 예를 들어, 1776년 독립선언이 선포되었던 펜실베니아주에는 전체 인구 가운데 단 9퍼센트만이 흑인이었습니다. 하지만 사형선고를 받은 사람의 62퍼센트가 흑인이란 것은 전체 인구보다 7배나 높은 비율인 셈입니다.

한 가지 더 부연하자면, 사망선고를 받은 3,600명 가운데 90퍼센트가 어렸을 때 육체적·성적 학대를 받은 피해자였다는 사실입니다. 한 비정부조직이 발표한 최근 연구에 의하면 마약관련 범죄의 경우, 미국에서 마약거래를 하는 흑인이 백인보다 5배나 많지만, 흑인남성이 백인남성보다 13배나 긴 장기선고를 받는 경향이 있다는 것입니다. 미국 감옥에 있는 여성의 60퍼센트 이상이 아프리카계 미국인이거나 라틴아메리카계 미국인입니다.

아마 우리 라틴아메리카계 및 아프리카계 미국인, 상이한 종족의 후손들이 범죄를 저지를 가능성이 더 높다는 말인가 봅니다.

나는 저지른 범죄행위를 얼버무리려는 것이 아닙니다. 오히려 그 반대입니다. 나는 이곳의 절차가 어떻고, 통상 어떠한 일이 발생하는지 정확하게 알 수 있는 처지가 아닙니다. 만약 우리가 유전적으로 죄인이 될 피를 물려받고 태어났다면, 사하라사막 이남 아프리카에 사는 모든 사람들, 원주민, 라틴아메리카의 모든 혼혈종족과 백인종족, 쿠바인을 포함한 카리브 국가 사람들이 모두 사라진다 해도 문제될 것이 없습니다. 최소한 이것은, 스스로 자문해 볼 가치가 있는 문제입니다.

몇 마디만 더하겠습니다. 여러분은 최근 처형당한 한 아프리카계 미국인 이름을 언급했습니다. 여러분은 우리 국민이 결코 죄도 짓지 않은 샤카 상코파(Shaka Sankofa)의 처형을 얼마나 신랄하게 비난했는지 잘 알 것입니다. 전 세계의 여론과 많은 정부들이 만장일치로 비난했음에도 불구하고 그는 처형되었습니다.

나는 많은 정보를 요구했습니다. 나는 범행 장소로 지목된 주변의 작은 지도와 스케치를 살펴보았습니다. 밤중에, 그것도 먼 거리에서, 스쳐 지나가는 눈길로, 단 한 사람만이 그를 목격했다고 주장했는데, 가장 정밀한 카메라일지라도 그를 촬영할 수는 없었을 것입니다. 이 점을 포함한 여러 정황들 때문에 나는 그가 결백하다고 믿게 되었습니다. 다른 사람의 주장이 아니라 나 스스로 모든 정보를 분석한 결과, 그러한 결론에 도달했습니다. 자세히 보니 그는 소외계층 출신이었는데, 이것이 그와 법과의 최초의 충돌이었습니다. 나는 우리 국민들에게 얘기할 때 흑인이든 백인이든 혹은 어떤 인종이든 간에 한 청년으로 하여금 죄를 짓도록 부추기는 진정한 요인들의 범례로 이 사례를 인용했습니다.

나는 변호사입니다. 법에 관해 조금은 압니다. 몬카다
(Moncada)병영 공격으로 기소되었을 때 나는 스스로를 변
호했습니다.[11] 그리고 나는 내가 변호사이기 때문에 예전보
다 더 잘 처신해야만 했습니다. 나한테 찾아오는 소송의뢰
인은 거의 없습니다.

나는 여러분이 아주 정당한 투쟁, 우리 국민이 전적으로
지지하는 투쟁을 하고 있음을 잘 알고 있습니다. 즉 사형선
고를 받은 무미아 아부자말(Mumia Abu-Jamal) 석방투쟁에
관한 것인데, 그에 대한 부당한 재판은 전 세계에 거대한 저
항운동을 불러일으켰습니다.[12]

한 걸음 더 나아가, 강간으로 처형된 아프리카계 미국인
과 백인 비율이 9대 1이라는 역사적 사실을 놓고 볼 때, 다
른 요인들은 차치하고, 사회적 주변화라는 요인이 상수였음
을 우리는 알 수 있습니다. 아프리카계 미국인의 경우처럼
인종차별이 사회적 주변화와 결부되어, 사형선고를 받거나
감옥에 간 적도 없는 사람들을 포함한 수천만 명이 이러한
불의로부터 엄청난 고통을 받고 있습니다. 그들은 일상생활
속에서 매일 굴욕을 선고받고 있는 것입니다.

회고하건대 나는 1956년 며칠간 미국을 방문한 적이 있
습니다. 나는 쿠바로 재진격할 것을 준비하면서 멕시코에
있었습니다. 나는 쿠바조절법이 존재하지 않았던 그 시절
에, 미국에 살고 있는 쿠바 이민자들을 만나려고 뉴욕 등지

를 방문했습니다. 보트나 뗏목으로 도착하기란 불가능했습니다. 당시만 하더라도 미국에 쿠바 이민자는 거의 없었습니다. 오랫동안 이민을 원했지만 그럴 가능성이라고는 없었던 수십만 명에게 문호를 개방하도록 한 것은 (역설적으로-옮긴이) 바로 쿠바혁명이었습니다.

쿠바와 혁명과 특히 나를 그렇게 미워하는 사람들이 가끔은 혁명에 감사해야 한다는 사실을 상기시키고 싶습니다. 왜냐하면 쿠바혁명이 없었다면 그렇게 많은 쿠바 백만장자도 없었을 것이고, 이른바 '재미 쿠바인 전국재단'도 없었을 것이기 때문입니다. 또 미국의회에 쿠바출신 의원도 없었을 것이고, 그들이 특정 법안을 지지할 수도 없었을 것이며, 선거캠페인에서 제대로 대접 받지도 못했을 것입니다. 또 그들의 모든 희망사항이 그대로 허용되지도 않았을 것입니다. (비록 그들에게 주어진 특권을 고려하더라도 미국시민이 되기보다는 쿠바인으로 있는 것이 더 유리하기 때문에 그들 중 대다수는 투표권을 갖고 있지도 못하긴 하지만 말입니다.)

혁명 승리 이전 30년 동안 몇 명이나 미국비자를 받았습니까? 1930년대와 1940년대에는 지극히 미미한 숫자였고, 1950년에서 1959년까지는 겨우 2~3천 명 정도였습니다.

1959년 1월 초, 쿠바국민 수천 명을 살해하고 쿠바를 약탈한 바티스타 정권의 많은 죄수와 횡령범, 공범들이 미국에서 안전한 낙원을 발견했습니다. 착복한 재화의 원상복

구, 기본 서비스 가격인하, (바티스타) 독재기간 동안 부당 해고당한 노동자의 복직, 도시 및 농촌 개혁, 기본 사회정의 조치와 관련한 혁명법령 1호는 우리 사회 최상위부유층의 간담을 서늘케 했습니다. 그래서 그들은 미국으로 이민을 가기 시작했습니다.

혁명 발발 첫날부터 특히, 상층 및 중간계급, 의사와 대학교육을 받은 여타 전문직 종사자, 교수, 교사, 기술자, 숙련노동자 등에게는 미국비자 취득이 이상할 정도로 용이해졌습니다. (이 사람들 중 다수는 항상 미국 이민을 갈망해왔습니다.) 혁명에 대한 적대감과 숙련노동력 유출이라는 목표가 분명한 동기였음이 즉시 드러났습니다. 그들은 또한, 그 당시까지 전적으로 비밀이었던 (쿠바 침공을 위한) 용병군대 육성을 위해서 바티스타 정권의 관리와 젊은 병력을 필요로 했습니다.

쿠바정부는 합법적 절차를 통해 미국으로 가는 자들을 항상 허용했습니다. 심지어 (1961년) 피그만 침공의 전쟁기간에도 민간항공기 운행은 중단되지 않았습니다. (1962년) 미사일 위기사태 이후 미국은 갑자기 항공기 운행과 비자발급을 중단시켰습니다. 수많은 사람들이 가족과 헤어졌습니다. 다른 한편, 쿠바조절법 발효 이전에도 미국은 어떤 수단, 심지어 비행기나 배를 납치해서라도 미국 영토에 들어오기만 하면 입국을 허용했습니다.

128

(1965년) 카마리오카(Camarioca) 사건 이후 쿠바인 36만 명은 한 명의 희생자도 없이 안전하고 합법적으로 쿠바를 떠났습니다. 이들 중에는 미국 거주자의 친척들 외에도 쿠바에서보다 미국에서 월급을 10배나 더 받을 수 있는 교수와 교사, 대기업노동자, 기술자들이 많이 포함되어 있었습니다. 그들은 사실상 경제적 이민자였습니다. 그럼에도 불구하고 미국으로 간 모든 사람에게는 '정치적 난민' 혹은 '망명자'라는 이름이 붙여졌습니다. 만약 미국으로 이주하는 멕시코인과 다른 라틴아메리카인들에게도 이런 이름을 붙인다면 멕시코 정치적 난민은 천2백~천5백만 명, 아이티 정치적 난민은 백만 명, 도미니카공화국 정치적 난민은 백만 명, 푸에르토리코 난민은 수십만 명이나 될 것입니다. 푸에르토리코인들은 애국자이고 조국을 사랑합니다. 그런데 왜 그들이 미국으로 가겠습니까? 그것은 경제적 이유 때문이며, 그런 사람들은 쿠바와 마찬가지로 미국에도 그 정도는 있습니다.

백만 명의 푸에르토리코인들이 뉴욕에 살고 있습니다. 우리는 올해 그들이 비에케스(Vieques)[13] 폭격훈련 중지라는 정당한 요구를 지지하는 것을 목격했습니다. 쿠바에서 이 주제에 관한 토론이 텔레비전을 통해서 방영되었습니다. 이 토론회는, 물론 세계적 언어인 영어로 인터넷에 직접 연결되었습니다. 불행히도 아프리카인 가운데 단 1퍼센트만이 인터넷을 사용할 수 있기 때문에 우리는 라디오를 통해

서만 이런 소식들을 그들에게 전할 수 있습니다. 라틴아메
리카 상황도 마찬가지입니다.

제3세계와의 소통과 협력에 대해 언급할 때, 나는 라디오
방송을 통해 읽기·쓰기를 가르칠 수 있는 프로그램을 개발
했음을 밝히는 바입니다. 쿠바를 방문 중인 나이지리아 대통
령에게 그 나라 문맹률에 관해 물었을 때 이 생각이 떠올랐
습니다. 나이지리아 대통령은 인구의 17퍼센트만이 학교교
육을 받고 있고, 문맹률은 87퍼센트나 된다고 말했습니다.
우리는 새로운 세기와 밀레니엄 시대 도래를 경축하고 있지
만, 여전히 다음과 같은 질문을 던져야 합니다. 즉, 세 번째
밀레니엄 시대 언제쯤 쿠바인구 비슷한 국가(나이지리아─옮
긴이)가 문맹을 타파할 수 있을 것인가? 나는 대통령에게 물
었습니다. "국민들이 라디오는 가지고 있습니까?" "예 거의
모든 가정에 라디오는 있습니다"라고 대답했습니다.

나는 쿠바 교육전문가 그룹에게 동물, 식물, 일반 물건의
그림을 이용해서 알파벳 글자를 배우게 하고, 음절, 단어,
문장을 습득하게 하며, 전문교사의 지도 하에 라디오 방송
을 통해 그 언어로 개념 도입을 가능케 하는 간편한 매뉴얼
개발을 통해서 읽기·쓰기의 라디오 학습이 가능한지 연구
할 것을 제안했습니다. 3개월이 안 되어 우리 교육전문가들
은, 아이티에서 크리올 언어로 문맹자 30명을 테스트했을
때 성과가 아주 기대되는 방법을 개발해 냈습니다. 텔레비

전을 통한 문자가독코스는 아주 단순하지만, 가난한 제3세계 문맹자들은 텔레비전을 구하기가 쉽지 않습니다. 그 실험을 구성하고 모니터한 우리 교육전문가들은 아주 놀랐습니다. 그 코스는 불어, 포르투갈어, 크리올어 등으로 준비되어 있습니다.[14]

수억 명의 사람들에게 최소 비용으로 읽기·쓰기를 가르치는 것은 제3세계와 협력하는 또 다른 방법입니다. 인간이 읽지도 쓰지도 못할 때 얼마나 경멸당하는지 상상하기란 어려운 일이 아닙니다. 나는 읽고 쓰는 것을 잘 못했던 부모님을 기억하며, 그들이 얼마나 많은 고통을 받았는지 잘 압니다. 나는 제3세계에 존재하는 문맹자들도 그러하리라는 것을 알고 있습니다. 그러한 고통은 우리나라에 널리 퍼져 있는 지식에 대한 갈망을 설명합니다.

나는 우리나라가 완전히 새로운 시대를 향해 가고 있다고 생각합니다. 나는 우리나라가 평등과 정의의 완벽한 모델이라고 주장하지는 않습니다. 우리가 법 앞의 완전한 평등과, 여성차별·인종차별 절대불가를 명문화했을 때, 처음부터 이러한 현상이 우리나라에서 사라질 것이라고 믿었습니다. 소외와 인종차별은 하나의 법, 심지어 십여 개의 법으로도 철폐하기 힘듭니다. 우리가 그러한 사실을 깨닫는 데는 오랜 시간이 걸렸고, 그런 문제를 완전히 철폐하는 데는 40년이 걸렸습니다.

법이 윤리적 기준에 따라 적용되는 경우는 지금까지 존재하지 않았고, 또 앞으로도 존재하지 않을 것입니다. 하지만 우리는 노예지역에서 살았던 노예의 후손들이 가장 가난하고, 노예제가 법적으로 폐지된 이후에도 가장 가난한 집에서 살고 있다는 사실을 알 수 있습니다.

생계 최저선의 동네가 있습니다. 이런 지역에 수십만 명이 살고 있는데, 여기에는 흑인과 혼혈인뿐만 아니라 백인도 있습니다. 생계 최저선의 백인도 물론 있으며, 이 모든 것은 우리가 이전 사회체제로부터 물려받은 것입니다. 우리 조국은 새로운 시대를 향해 나아가고 있습니다. 나는 언젠가, 현재 우리가 하고 있는 일과 그러한 과업을 어떻게 계속해 갈 것인지에 대해 말할 수 있는 기회를 갖고 싶습니다.

이런 조건에 살고 있는 모든 사람에게 거처를 마련해줄 수 있는 자금이 우리에게는 없습니다. 하지만 우리는 기다릴 필요가 없으며, 정의를 사랑하는 단합된 우리 국민은 소외와 차별의 흔적조차 없애기 위해 실천할 수 있는 많은 아이디어를 갖고 있습니다. 나는 우리가 승리할 것이며, 그 승리는 우리 청년들과, 학생들과, 국민들의 노력이라고 확신합니다.

우리나라에 여전히 주변화가 존재함을 알고 있습니다. 하지만 한층 높은 수준의 단합과 평등을 가져올 이 과업 속에, 적절한 방법을 통해서 그 주변화를 완전히 소멸시키고

자 하는 의지 또한 충만합니다. 나는 우리 조국을 위해서
여러분에게 우리의 성과에 관해 계속 알려줄 것을 약속합
니다.

　미국 동지들이 쿠바를 방문해서, 내가 앞서 언급한 상코
파와 무미아 두 사례에 대해 언급했을 때, 그들은 그들의 생
존과, 그들에게 자행된 불의에 관한 자세한 정보를 나한테
알려주었습니다. 텔레비전을 통해 방영된 토론회는 현재 진
행되고 있는 사태에 관한 인식을 확산시키는 데 기여했습니
다. 가난은 창피한 것이 아니고, 어린 시절 또는 10대에 행한
실수가 창피한 것도 아닙니다. 진정으로 치욕스러운 것은,
이제 막 시작된 이 세기가 인류로 하여금 화성에 가서 살고
싶도록 만드는 이 세기에, 그간 이룩한 모든 기술의 진보를
가지고서도, 소외된 조건 속에서 지구상에 살고 있는 어린
이, 십대 소년들, 성년들을 존속케 하고, 많은 국가들에서 소
외될 뿐만 아니라 차별을 당하게 하고 있다는 사실입니다.

　이러한 추세라면 여러분은 인간 생존에 필요한 천연자
원과 대기의 파괴, 마실 물과 해양의 고갈과 오염, 기후변
화, 자연재해, 빈곤, 국가 내 및 국가 간의 빈부격차 심화와
확산을 야기하는 이러한 소비주의 모델을 통해서 현 세계에
존재하는 사회 경제 질서는 지속 불가능한 것이라고 말하는
것이 옳을 것입니다. 나는 이러한 것들이 진정으로 중대한
이슈라고 생각합니다.

# 6

## 베네수엘라
### 국회연설

베네수엘라, 카라카스, 국회

2000년 10월 27일

(제3세계로부터의) 자본유출이
대량학살을 야기하고 있습니다. (…)
왜냐하면 물질적·인적 손실 규모가
전쟁 시기보다 더 크기 때문입니다.
이것이 정당합니까? 이것이 민주적입니까?
이것이 인간적입니까?

# 베네수엘라 국회연설

베네수엘라, 카라카스, 국회, 2000년 10월 27일

내가 이 자리에 선 것은 의전상 어쩔 수 없거나 국회 공식방문이라는 관례 때문이 아닙니다. 나는 명예를 추구하고, 특권을 요구하거나, 자아도취에 빠져 몽상의 노예로 살고 싶지 않습니다. 특히 베네수엘라처럼 사랑하는 자매 국가를 방문할 때 나는 그 나라를 대표하는 사람들의 소망을 최대한의 존엄과 용기로써 존중합니다.

불행하게도, 우리를 초청한 주최 측에서 계획한 이 베네수엘라 국회방문 일정이, 일부 존경받는 의원들에게는 곤혹스러울지도 모르겠습니다. 공손한 태도를 견지하는 것이 도리이겠지만 그렇다고 해서 너무 외교적이거나 위선적으로 과도하게 세련된 용어는 피할 것입니다. 나는 가급적 분명

하고 진지하게 정직한 용어를 사용할 것입니다.

베네수엘라 국회방문은 이번이 처음은 아닙니다. 내가 처음 방문한 것은 41년도 더 지난 일입니다. 하지만 내가 똑같은 국회에 다시 왔다거나, 내가 예전과 똑같은 사람이라고 말하는 것은 정확한 표현이 아닐 것입니다. 사실상 나는 다른 국회를 방문한, 다른 사람이라고 하는 것이 좀더 진실에 가까울 것입니다.

개인적으로 내가 신뢰를 더 받을 만한 덕목을 가지고 있거나, 아니면 반드시 변명을 해야 하는 의무를 가진 것도 아닙니다. 그때 나는 단지 우연히, 숱한 위험으로부터 가까스로 살아났던, 경험도 일천한 32세의 나이였습니다. 나는 단지 운이 좋았을 뿐이고, 이것이 인정받을 만한 덕목은 아닙니다. 비록 꿈과 이상의 실현이라는 특권을 누리는 사람이 아주 드물기는 하지만, 그래도 누구에게나 꿈과 이상은 있기 마련입니다. 그렇다 하더라도, 그 자체가 긍지를 가질 권리를 보장해 주는 것은 아닙니다.

아주 오래 전부터 정말 방문하고 싶었던 이 국회 역시 많은 꿈과 희망을 가지고 있습니다. 대중항쟁이 몇 달 전에 성공했습니다. 그 이후 모든 것이 변했습니다. 꿈과 희망은 잿더미로 변했고, 그 잿더미 위에 이 국회와 새로운 희망이 건설되었습니다. 역사를 통틀어 인간은 꿈, 즉 영원히 존속할 권리를 가지고 있습니다. 이러한 고귀하고 영웅적인 국민의 희망과 꿈이 실현되는 것은 기적에 가깝습니다.

여기 있는 여러분들 대부분처럼 나도 지난 마지막 사반 세기 말에 베네수엘라에서 일어났던 특별한 사건들과 연관된 꿈을 품고 살아 왔습니다. 과거에 함께 투쟁했던 베네수엘라인들은 혁명의 동지가 되었고, 게릴라들은 저명한 정치 인사가 되었으며, 군인들은 한때 이 나라를 영광으로 가득 채웠던 깃발을 드높이는 용감한 지도자로 변모했습니다.

좌에서 우로 변한 사람들, 혹은 오직 국민을 약탈하고 속이는 행태를 종식하기 위해서 정직한 보수주의로 시작하는 많은 사람들에 대해 평가를 내리는 것은 나의 몫이 아닙니다. 여러분이 견디어 온 극적인 경험 속에 포함된 인간성을 평가하는 것은 나의 목적도, 또 나의 권리도 아닙니다. 모든 사람, 심지어 굳건한 신념을 가진 사람조차도 하루살이에 가깝고, 종종 변덕스럽기도 합니다. 나는 호세 마르티가 모든 쿠바인에게 남겨준 권리 즉, 베네수엘라와 우리 대륙의 저 위대한 이상주의자이자 정치가인 시몽 볼리바르(Simon Bolivar)[15]에 대해 무한한 존경심을 느낄 수 있는 권리를 마음 속 깊이 품으면서 살고 있습니다. 볼리바르는 통일되고 독립된 라틴 조국을 꿈꾸었고, 또 그것을 위해 투쟁했습니다. 볼리바르는 심지어 스페인 왕실의 군주제 강요에 반대해서 혁명 중에 애국평의회(patriotic junta)가 창설되었을 때 조차도 결코 식민주의나 군주제를 옹호하지 않았습니다.

볼리바르는 성년기인 1805년부터 벌써 독립의 편에 군건히 섰습니다. 남미의 절반이 볼리바르의 검에 의해 해방되었고, 그란콜롬비아(Greater Columbia)의 용감한 군대와 함께 한 역사적인 아야추코 전투에서 불멸의 장군 수크레(Sucre)[16]의 진두지휘 아래 볼리바르는 나머지 중남미지역의 독립을 일구어 냈습니다.

우리 모두 잘 알고 있듯이, 당시 미국은 팽창과정의 그물에 걸린, 막 해방된 영국 식민지 중의 하나였습니다. 그 오래 전, 저 위대한 베네수엘라 지도자는 이미, "…그들은 자유의 이름으로 아메리카 대륙에 비극적 재앙을 퍼뜨릴 운명처럼 보인다"고 예견했습니다.

나는 오늘날 베네수엘라 안에 존재하는 다양한 이해관계와 관점을 충분히 이해합니다. 나폴레옹은 이집트 원정기의 피라미드 전쟁에서 자기 군대에게 이렇게 연설했습니다. "장병들이여, 이 피라미드 꼭대기에서 4천 년의 세월이 그대들을 내려다보고 있다."

이 국회 초청연설은 나한테 너무나 큰 영광이기 때문에, 나는 최대한 예의를 갖추면서, 감히 말하려 합니다. 베네수엘라 형제자매들이여! 지금까지 지구상에 존재했던 세력 가운데 가장 막강한 세력에 의한 적대감과 침략에 맞선, 끊임없는 투쟁의 41년 10개월 동안의 세월이, 이 연단에서 여러분을 존경스럽게 내려다보고 있습니다. 동시에, 시몬 볼리바르의 영감을 가지고, 오늘날에도 진행되고 있는 격렬한 투쟁에, 우리는 함께 하고 있습니다.

우리 두 나라 사이의 관계를 얘기할 때 자주 언급되는 주장은, 베네수엘라가 쿠바혁명 모델을 도입하려 한다는 것입니다. 베네수엘라 신헌법에 대한 국민투표 전야에도, 뜨거운 논쟁이 있었습니다. 그래서 나는 주요 신문, 라디오 방송, 텔레비전 네트워크를 대표하는 지역 언론인들과 만날 필요성을 절감했습니다. (마치 제국주의자들이 우리를 거짓 투성이로 묘사하는 것과 마찬가지로) 시니컬하게 쿠바를 악령으로 부르는 자들은, 우리로 하여금 그러한 기자회견을 열지 않을 수 없도록 만들었습니다.

잠이 오지 않던 어느 날 밤에 나는 열정에 찬 학창시절 때보다도 더 열심히, 베네수엘라 헌법 초안을 읽고, 밑줄을 치고, 또 쿠바 헌법 용어와 비교해 보았습니다. 나중에는, 한 손에는 쿠바 헌법을, 다른 손에는 베네수엘라 헌법 초안을 들고, 양자의 심오한 혁명적 개념의 차이를 연구했습니다. 나는 양자 모두를 '혁명적'이라고 말합니다. 양자 모두 국민들에게 더 나은 삶을 제공하려 하고, 급진적 변화를 원하며, 정의를 갈망합니다. 또 양자의 상호 열정은 아메리카 대륙 국민들 사이의 긴밀한 통합을 이루는 것입니다. 호세 마르티[17]의 말처럼, "다른 말이 더 필요 없다! 브라보(Bravo)강에서부터 파타고니아(Patagonia)까지 오직 한 민족만이 존재할 뿐이다."[18] 두 나라 모두 주권, 독립, 문화적 정체성을 보존하기 위해 계속 투쟁하고 있습니다.

쿠바 헌법은 본질적으로 생산수단의 사회적 소유제와 계획(경제-옮긴이) 발전에 기초하고 있습니다. 즉, 정치활동에 모든 국민이 적극적이고 조직적이고 대대적으로 참여하고 기준과 원칙을 따르는 당의 지도력 하에 모든 국민이 긴밀하게 통합하는 것이 필수적이지만 당은 국가기구에 대표자를 추천하거나 선출하지는 않습니다. 왜냐하면 이는 법적 절차에 따라 전적으로 대중조직과 국민에 의해 수행되는 과업이기 때문입니다.

베네수엘라 헌법은 사유재산이 폭넓게 보장되는 시장경제 구조를 기초로 합니다. 전통적인 부르주아 민주주의의 주요 기둥으로 천명된 몽테스키외의 유명한 세 가지 권력이 사회의 정치적 리더십의 균형을 보존하기 위해 필요한 새로운 기구와 조직들로 보완됩니다. 다당제 또한 기본적인 요인으로 설정되어 있습니다. 조금만 주의하면, 실제로 두 헌법간의 유사점을 발견하기란 불가능할 정도입니다.

나는 베네수엘라 언론 대표와의 만남에서, 마이애미에서 베네수엘라 대통령을 살해하려는 재미 쿠바인 마피아 테러조직의 첫 번째 행보를 비난했습니다. 그 조직들은 자의적으로, 베네수엘라가 또 다른 쿠바가 될 것이라고 느꼈는지도 모르겠습니다. 나는 또한 반(反)차베스 선거운동을 위해 마이애미에서 흘러들어 온 엄청난 자금에 대해 언급했습니다. 나는 정확한 자료를 제시했고, 몇몇 주요 인물의 이름도 밝혔습니다. 물론 지목된 그 인물들은 사실을 부인했습니다. 교육수준과 능력 면에서 평판이 있는 한 전(前) 정부 관리는 자신에게 부여된 역할을 전혀 몰랐다고 개탄했습니다. 나는 그가 어떻게 50만 달러의 자금을 받았고, 누가 그 자금을 베네수엘라로 보냈으며, 누가 그 자금을 마지막으로 전달했는지에 관한 자세한 정보를, 그 당시는 물론 지금도 가지고 있습니다. 하지만 그 얘기를 반복하지는 않았습니다. 결과적으로 보건대, 그렇게 하는 것은 불필요한 것이었습니다. 그 음모에 가담한 자들은 7월 30일 선거에서 국민투표에 의해 분쇄되었으므로, 그 정보들은 언젠가 필요할 경우를 대비하여 잘 보관해 두려고 합니다.

쿠바는 계속해서 베네수엘라 국내정치의 한 요인으로 이용되고 있습니다. 논란의 여지도 없이 뛰어난 지도자이자 볼리바르 사상의 계승자로서, 행동과 신망에서는 국경을 초월한 인물인 차베스를 공격하기 위해 그들은 끊임없이 쿠바를 써먹으려 하고 있습니다.

나는 차베스의 동지이며, 그 사실에 긍지를 느낍니다. 나는 차베스의 용기와 정직, 그리고 오늘날 세계와 라틴아메리카의 통합과 제3세계의 투쟁을 위해 베네수엘라가 해야 하는 특별한 역할에 대한 그의 신념을 존경해마지 않습니다. 나는 차베스가 지금 베네수엘라 대통령이기 때문에 이렇게 말하는 것이 아닙니다. 나는 차베스가 수감되어 있을 때에도 그가 어떤 인물이었는지 잘 알고 있었습니다. 차베스가 석방된 지 채 몇 달도 안 되었을 때, 나는 그를 쿠바로 초청했습니다. 차베스는 쿠바에서 열렬한 환영을 받았습니다. 나는 차베스를 우리 대학생들에게 소개했고, 그는 아바나 대학의 대강당에서 연설하여 열렬한 환호를 받았습니다.

그로부터 4년 뒤, 차베스가 성취한, 반향이 큰 선거승리 — 무일푼으로, 국민에게서 도둑질한 엄청난 돈으로 선거운동을 하는 구태의연한 정치모리배들과는 비교도 되지 않는 상태로 — 는 오직 신념의 힘, 그 신념을 대중들에게 전할 수 있는 능력, 베네수엘라에서 가장 진보적인 세력의 작은 결집체의 지지만으로 일궈 낸 것이었습니다. 그로 인해 이 나라뿐만 아니라 우리 대륙을 위해서도 귀중한 기회가 탄생되었던 것입니다.

나는 차베스 대통령에게 어떠한 부탁도 하지 않았습니다. 나는 40년 이상 부당하게 봉쇄되고 있는 내 조국을 산호세 협정에 참여시켜 주도록 부탁한 적도 없습니다. 반대로 나는 항상 베네수엘라에 도움이 된다면, 그 어떤 분야에서든 쿠바가 할 수 있는 최선의 협조를 다해 왔습니다. (산호세 협정에-옮긴이) 쿠바가 참여하는 것은 전적으로 차베스의 아이디어였고, 1999년 4월 도미니카공화국에서 개최된 카리브 국가 연합 정상회담에서 차베스가 그 아이디어를 공개적으로 언급했을 때, 나는 그 이야기를 처음 들었습니다. 그 회담에서 차베스는 카라카스 협정 회원국이 아닌 일부 카리브 국가들도 참여해야 한다는 희망을 피력했습니다. 볼리바르 사상에 대한 심오한 계승의식이 차베스로 하여금 라틴아메리카와 카리브 국가들 간의 가교역할에 영감을 주었던 것입니다.

나는 나의 베네수엘라 방문이 모든 비방의 목표가 되고 있음을 잘 알고 있습니다. 차베스 대통령은 쿠바에 석유를 무상으로 제공하려 하고, 카라카스 협정을 쿠바지원의 단순한 구실로 사용한다고 비판받아 왔습니다. 만약 이것이 사실이라면, 차베스는 에베레스트 산보다 더 높은 기념비를 받기에 부족함이 없을 것입니다. 왜냐하면 쿠바는 이 대륙에서 멕시코를 제외한 모든 국가들에 의해 고립되어 있고, 배신당하고 있으며, 봉쇄되어 있기 때문입니다. 그 나머지 국가 정부들은 미국에 종속되어 있습니다. 여기에는 1958년 1월 민중봉기 이후 첫 번째 헌법에 의한 대통령 통치 하의 베네수엘라와 그 해에 선거를 주도했던 애국평의회의 출범도 포함됩니다.

봉쇄, 추한 전쟁, 용병대의 침공, 직접 공격의 위협에도 불구하고 쿠바국민은 아메리카 대륙의 전선에서 조국을 명예롭게 수호했습니다. 마르티가 (1895년) 전쟁에서 죽기 전날 밤에 자신의 전 생애 동안 했던 모든 일은 "…쿠바가 독립을 획득함으로써 미국이 앤틸리스 제도(서인도 제도의 일부-옮긴이)를 통해 팽창하는 것을 저지하고, 미국이 또 그 여력으로 아메리카 대륙을 장악하려는 시도에 저항한 것"이었다고 고백했을 때, 그는 이 모든 것을 미리 예견했던 것입니다.

차베스 대통령을 비난했던 그 누구도, 대량학살로밖에 볼 수 없는, 기아와 질병으로 쿠바국민을 살해하려는 시도에 대해 반대하지 않았습니다. 그들은 더 나아가 석유가격이 폭락하여 베네수엘라 경제상황이 심각한 어려움에 처했을 때 석유수출국기구(OPEC)에 다시 활기를 불러일으켜 2년도 채 안 되어 석유가격을 3배로 만든 사람이 차베스였다는 사실은 망각한 듯이 보입니다.

베네수엘라와 다른 석유생산국들의 수입은 크게 늘고 있는 반면에, 선진 부국들에게는 충분히 수용될 만한 현 석유가격이, 100개국이 넘는 제3세계 국가에게는 가중한 부담이 되고 있는 것이 사실입니다. 여러분도 알다시피 차베스 대통령은, 중미 및 카리브 국가에 석유가격 일부를 장기 저리의 차관으로 지불할 수 있도록 하는 카라카스 협정을 통해, 이러한 문제를 해결하려고 했습니다. 이것은 다른 석유수출국들이 기꺼이 수용하려 할 좋은 사례입니다.

차베스 대통령의 이러한 주도적 활동—현재의 높은 가

격 때문에 베네수엘라 소득의 작은 비율만 차지하고 있습니다—에 반대하는 자들은 지극히 이기적이고 근시안적인 반응을 보이고 있습니다. 석유수출국기구는 제3세계의 지지 없이는 선진 부국들의 엄청난 압력을 오래 견디지 못할 것입니다. 선진 부국들이 보유하고 있는 자동차와 오토바이 수십억 대에 많은 석유가 소모되기 때문에 유가 인상을 방관하지는 않을 것입니다.

한 가지 망각되고 있는 사실은 쿠바가 급속도로 석유생산을 증대시키고 있고, 비교적 단기간 안에 석유 및 가스에서 자급자족할 것이라는 점입니다. 쿠바의 석유 사용과 수준 높은 단계의 추출을 가능케 하는 선진기술을 제공하는 베네수엘라의 협력은, 에너지 분야에서 쿠바에게 실로 커다란 도움이 될 것입니다. 다른 한편, 카라카스 협정 하에 공급되는 석유에 대해서는 상품과 서비스뿐만 아니라 경화로 정확하게 지불할 것이며, 이는 분명 베네수엘라 국민에게도 커다란 도움이 될 것입니다.

베네수엘라와 쿠바의 협력은 양국 간의 무역관계보다 훨씬 높은 초국적 이상에 의해 영감을 받은 것입니다. 우리는 라틴아메리카와 카리브 국가들을 통합시키고, 모든 민족에게 더 많은 정의를 가져다 줄 세계경제 질서를 위해 투쟁해야 할 필요성에 대해 상호공감대를 가지고 있습니다. 이것은 문서화된 협정이라기보다는 유엔, 77그룹, 비동맹운동, 그 밖의 국제포럼에서 행한 양국의 노력 속에 표출된 공동의 목표입니다.

국제정치영역에서 양국의 공동 목표는 신자유주의 정책에 대한 거부와 경제발전 및 사회정의를 위해 투쟁하려는 의지 속에 생생하게 표현되어 있습니다. 우리 두 나라의 모범적인 관계에 반대하여, 거짓과 약탈과 음모에 치졸하게 매달리는 자들은 이 쿠바 대표단의 공식 방문을 위협하고, 쿠바와 베네수엘라 사이의 경제협력회의를 왜곡시키려 했습니다. 이제 그들은, 거대한 경제자원과 근면하고 지각 있는 국민들이 있는 한 국가에서, 왜 빈곤이 전 인구 중 80퍼센트—이것은 정말 믿기 힘듭니다—를 삼키고 있는지를, 베네수엘라 국민에게 설명해야만 할 것입니다.

몇 가지 예만 들어 보겠습니다. 유엔의 라틴아메리카 경제위원회(ECLA)와 안데스 공동체(Andean Community)의 자료에 의하면, 10여 년 전에 이미 70퍼센트를 차지하던 빈곤층이 8년 후에는 77퍼센트로 늘어났습니다. 절대빈곤층 비율은 30퍼센트에서 38퍼센트로 증가했습니다. 한편, 실업은 15.4퍼센트에 달했고, 비공식 부문의 불안정고용은 노동력의 52퍼센트를 차지하고 있습니다.

이전 공식자료에는 문맹률이 10퍼센트 미만이었습니다. 현재 베네수엘라 교육부의 공식자료에 의하면 실질적 문맹률은 인구의 20퍼센트에 가깝습니다. 모든 학생 가운데 50

퍼센트가 경제적인 이유로, 11퍼센트가 학교성적 문제로, 9 퍼센트가 기회의 부재로 학교를 그만두거나 아예 다니지 않고 있습니다. 이러한 수치를 합하면 총 학생의 70퍼센트나 됩니다.

지난 21년간 베네수엘라로부터의 자본유출량은 1천억 달러에 달합니다. 이 금액은 이 나라의 경제 사회 발전에 필수적인 실질적 금융자산의 손실입니다. 여러 곳에서 제공한 관련정보는 실로 놀랍습니다. 차베스의 '볼리바르 혁명'이 물려받은 참상을 다 인용하는 것은 불가능하지만, 다른 참상들을 반영하는 한 가지 재앙만 말씀드리겠습니다. 그것은 영아사망률입니다. 영아사망률은 지극히 민감한 인간적 · 사회적 쟁점입니다. 유니세프(유엔아동기금) 자료에는 신생아 1,000명당 사망하는 1세 미만 아이의 숫자인 영아사망률이 1998년 베네수엘라는 21.4명으로 나와 있습니다. 이 수치는 5세 미만 유아를 포함할 경우 25명으로 증가합니다. 만약 쿠바혁명 발발 시기와 거의 같은 1959년에 시작된 정치과정을 따라, 베네수엘라가 쿠바에서처럼 영아사망률을 60명에서 6.8명으로, 5세 미만 유아의 경우 70명에서 8.3명으로 감소시켰다면, 얼마나 많은 베네수엘라 아이들이 생존할 수 있었겠습니까?

그 수치는 베네수엘라에서 1959~1999년 40년 동안, 생존 가능했던 어린이가 365,510명이나 사망했음을 의미합니다. 1959년 당시 겨우 7백만 명의 인구에 불과했던 쿠바에서, 혁명은 영아사망률을, 오늘날 세계에서 가장 부유하고 발전된 미국보다도 더 낮게 감소시킴으로써 수십만 어린이의 생명을 구했습니다. 7세 어린이 가운데 문맹은 없고, 어린이 수만 명이 숙련된 기술자나 대학졸업생이 되었습니다.

이런 심각한 상황이 이제 종식되었음을 의미하는 이번 선거 이전까지, 1998년 한 해에만 베네수엘라에서는 구할 수도 있었던 영아 7,951명이 돌이 되기도 전에 사망했습니다. 5세 미만의 유아까지 포함하면 그 숫자는 8,833명으로 늘어납니다. 이 모든 통계는 유엔 산하기구의 공식 자료에 의한 것입니다.

1년 동안 사망한 베네수엘라 아이의 수는 볼리바르가 행한 독립전쟁 당시 5대 전쟁인 보야카, 카라보보, 피친차, 후닌, 아야쿠초 전쟁에서 사망한 양측 병사들의 수보다 더 많습니다. 누가 이 어린이들을 살해했습니까? 어떤 죄인들이 수감되었습니까? 누가 대학살의 책임을 선고받았습니까? 부패한 정치가들이 착복한 수십억 달러가 대학살을 가져옵니다. 왜냐하면 공공금고에서 훔친 자금이 예방 및 치료 가능한 질병으로부터 수많은 어린이, 청년, 성년을 죽게 만들기 때문입니다. 분명코 살인적인 그러한 정치사회 질서—그 국민의 항의는 실제로, 총알과 죽음으로 억압당합니다—가 자유와 민주주의의 모델로 세상에 제시되고 있습니다.

자본유출 또한 대량학살을 야기하고 있습니다. 제3세계 국가의 금융자원이 선진국으로 이전될 때 그 국가의 보유고는 고갈되고, 그 경제는 불황에 접어들며, 실업과 빈곤은 증대되고, 보건과 교육은 비판의 예봉에 직면합니다. 또한 그것은 고통과 죽음으로 변합니다. 나는 물질적 · 인적 손실이 전쟁 때보다 더 크기 때문에 가급적 예측은 피하고 싶습니다. 이것이 정당합니까? 이것이 민주적입니까? 이것이 인간적입니까?

이러한 사회 질서의 얼굴은 우리 대륙 대도시의 교외 외곽에서 잘 드러납니다. 그곳은 수천만 가구가 인간 이하의 조건에서 살고 있는 소외된 이웃들로 넘쳐납니다.

오해의 소지만 없다면, 나는 마음속으로, 만약 베네수엘라가 지난 40년 간 효율적이고 정직한 정부를 가졌더라면 스웨덴과 비슷한 경제발전을 성취할 수 있었을 것이라고 솔직히 생각해 왔습니다. 베네수엘라 정부 및 국제기구의 공식보고서에 드러난 빈곤과 사회참상에 대한 정당화는 있을 수 없습니다. 실제로 내가 국회를 처음 방문했을 당시 이 나라 지도자들은 지금의 혁명과정에 필연적인 긴급사태의 조건을 양산해 냈습니다. 만약 오늘날, 이 나라의 새로운 지도자들이 힘을 합하여 전열을 정비하고, 최선을 다한다면, 잃어버린 시절로 복귀를 갈망하는 자들은 결코 국민의 신임을 다시 받지 못할 것입니다. 최근에 다듬어지고 인준된 정치

151

적 헌법 모델의 틀 안에서 그렇게 하는 것이 가능하겠습니까? 나는 가능하다고 생각합니다.

이른바 '볼리바르 혁명'이 국민에게 할 수 있는 것에서 분출되는 엄청난 정치적·도덕적 권위는 반동세력을 정치적으로 분쇄시킬 것입니다. 그 혁명이 베네수엘라 민중들 사이에서 창조할 혁명적·애국적 가치와 문화는 과거로의 회귀를 불가능하게 만들 것입니다.

완벽하게 논리적이지만 또 다른 복잡한 문제가 제기될 수 있습니다. 즉, 현재보다 더 높은 수준의 정의가 시장경제에서 성취될 수 있느냐는 문제입니다. 나는 신념을 가진 마르크스주의자이자 사회주의자입니다. 나는 시장경제가 불평등, 이기심, 소비주의, 자원의 낭비, 혼돈을 야기하고, 경제발전 계획과 우선순위 설정이 필수불가결하다고 생각합니다. 하지만 나는 또한, 거대한 자원을 가진 베네수엘라 같은 나라에서 '볼리바르 혁명'은 (베네수엘라와 비교해서 훨씬 자원이 적으면서, 봉쇄당하고 있는 국가인) 쿠바가 (1959년) 혁명승리 이후 이룬 성과의 75퍼센트를 절반기간 안에 성취할 수 있다고 믿습니다.

이 말은 현 정부가 몇 년 안에 문맹을 완전히 퇴치하고, 모든 아동과 청년들에게 고등교육을 가능케 하고, 국민에게 수준 높은 문화를 제공하며, 모든 사람에게 우수한 의료혜택을 보장하고, 젊은 사람들에게 직장을 제공하며, 횡령을 근절하고, 범죄율을 최소 수준으로 감소시키며, 모든 베네수엘라 국민에게 일정 수준의 주택을 제공할 수 있을 것이라는 의미입니다.

시장경제에서는 적절한 세금제도를 통한 부의 합리적 분배가 가능합니다. 그러기 위해서는 물론 모든 혁명세력이 전적으로 노동에 헌신할 것이 요구됩니다. 나의 소견으로는, 단기적 차원에서 베네수엘라에는 그렇게 많은 선택의 폭이 존재하지 않습니다. 그러한 것은 말하기는 쉽지만, 엄청나게 어렵고, 많은 노력을 요하는 과제입니다. 다른 한편, 이 나라 부의 70퍼센트 이상이 국가소유이며 — 신자유주의는 그 부를 외국자본에게 넘겨줄 충분한 시간을 가지지 못했습니다 — 따라서 국유화의 필요성은 존재하지 않습니다.

쿠바가 걸어오면서 점점 더 뒤처지게 된 세월을 통해 우리는 경제발전과 문제해결에는 많은 변수가 있음을 알게 되었습니다. 만약 국가가, 국가와 국민의 이익을 최우선시하면서 역할을 다 한다면, 그것은 충분히 가능합니다. 우리는 적은 자원으로 많은 일을 하고, 강력한 정치적·사회적 영향력을 축적하는 과정에서 숱한 경험을 쌓았습니다. 모든 문제에는 해결책이 있고, 모든 장애는 극복될 수 있습니다.

철저히 객관성을 유지하면서 나는, 오늘날 베네수엘라에 그러한 복잡한 과정을 이끌 수 있는 인물이 오직 한 사람 있고, 그 사람이 바로 우고 차베스라고 말하려 합니다. 고의

153

든, 우연이든 간에 차베스가 죽는다면, 그런 가능성은 끝나 버리고, 혼돈이 초래될 것입니다. 그런데 내 생애 현 시점에서 내가 아는 한, 차베스 대통령은 최소한의 경호조차도 받기 싫어하고, 자신의 안전에 대해 너무 무심합니다. 여러분이 그를 도울 수 있으며, 또한 그의 동지와 국민들이 그로 하여금 자신의 경호에 좀더 협조하도록 설득하기를 바랍니다. 국내외 적들이 차베스 대통령을 제거하려 할 것이라는 점에 대해서는 의심의 여지가 없습니다. 나는 다소 성공하기도 하고 실패하기도 한, 600번이 넘는 그러한 (암살)기도의 목표가 되는 특이한 경험을 했기 때문에, 이렇게 말할 수 있습니다. 이것은 올림픽 기록일 것입니다!

나는 적들을 너무나 잘 알고 있습니다. 그들이 어떻게 생각하고 행동하는지 알고 있습니다. 이번 베네수엘라 여행도 예외는 아니었습니다. 나는 적들이 또다시, 지금까지 다소 위축되었던 (암살-옮긴이)계획을 수행할 수 있는 방법을 찾기 위해 움직였음을 알고 있습니다. 하지만 그것이 중요한 문제는 아닙니다. 베네수엘라의 현 상황과는 대조적으로, 쿠바에는 항시 나의 직무를 떠맡을 수 있는 많은 사람들이 실제로 있어 왔고, 또 영원히 있을 것입니다. 나는 젊고, 산더미같이 해야 할 일이 많은, 활기찬 차베스와는 다릅니다. 차베스 대통령은 스스로를 돌보아야만 합니다.

나는 말에 신의를 지킬 것입니다. 나는 다소 과장되고,

154

위선적인 외교적 언사를 피하고, 솔직하게 얘기했습니다. 나는 여러분의 친구로서, 형제로서, 쿠바인으로서, 베네수엘라인으로서 여러분께 말씀드린 것입니다.

# 7

빈곤의 현실과
아동의 비극

제10차 이베로-아메리카 정상회담

파나먀시, 2000년 11월 17일~18일

어린이는 어른들보다
빈곤으로부터 받는 영향이 더 심각합니다.
어린이가 입는 육체적 · 정신적 피해는
죽을 때까지 계속되기 때문에, 그 어떤 그룹도
어린이만큼 피해를 입지는 않습니다.

# 빈곤의 현실과 아동의 비극

제10차 이베로-아메리카 정상회담,
파나마시, 2000년 11월 17일~18일

이 정상회담의 중심 주제로 '아동과 청년을 위한 단결: 신 밀레니엄에서의 정의와 평등'을 채택한 것은 아주 적절한 발의입니다. 그 주제 하나만으로도 이 모임의 의미는 충분하다고 봅니다.

어린이가 처한 상황은 나라마다 다 다릅니다. 유니세프(UNICEF), 국제보건기구(WHO), 또 다른 유엔 산하기구들—발전수준과 부존자원의 격차로 그 기구들을 받아들이고, 지원하는 데 나라마다 정도의 차이는 있었지만—이 수행했던 적극적인 노력 덕분에, 지난 20년 동안 많은 진보가 이루어졌습니다. 그럼에도 불구하고 라틴아메리카 어린이들의 상황은 아주 심각합니다.

라틴아메리카와 카리브 지역 주민 가운데 45퍼센트, 즉 2억 2천4백만 명이 빈곤층입니다. 9천만 명은 절대빈곤층입니다. 빈곤층과 절대빈곤층 가운데 절반 이상이 아동과 청소년들입니다.

유엔아동기금(UN Children 's Fund, 1953년 개칭되었지만, 유니세프와 약자는 같음–옮긴이)은 이렇게 말하고 있습니다. "어린이는 어른들보다 빈곤으로부터 받는 영향이 더 심각하다. 어린이가 입는 육체적·정신적 피해는 죽을 때까지 계속되기 때문에, 그 어떤 그룹도 어린이만큼 피해를 입지는 않는다."

범미주보건기구(Pan American Health Organization)의 자료에 의하면, 5세 미만 유아사망의 3대 주요 원인은 급성 호흡기감염, 설사병, 영양실조입니다.

1998년, 라틴아메리카와 카리브 지역에서 5세 미만 유아의 평균사망률은 1,000명당 39명으로, 사망한 유아는 거의 50만 명에 육박합니다. 독감과 폐렴 같은 급성 호흡기감염이 유아사망 원인의 3분의 1과 소아과 진료의 60퍼센트를 차지했습니다. 이런 질병은 대부분 시기적절한 진단과 치료만으로도 예방될 수 있습니다.

라틴아메리카와 카리브 지역 도시에 살고 있는 사람들 가운데 20~50퍼센트가 밀집 거주, 극한 빈곤, 폭력, 소외 등의 비참한 조건 속에 살고 있습니다. 그들에게는 기본적인 1

차의료 서비스나 하수도 시설 같은 것도 없습니다. 농촌지역에서는 60퍼센트 이상이 이러한 서비스를 받지 못하고, 50퍼센트에게는 마실 물도 부족한 형편입니다. 적절한 하수처리시설, 깨끗한 물, 의료혜택 등을 받지 못하기 때문에 설사, 콜레라, 장티푸스, 기타 전염성 질병으로 사망할 위험이 40퍼센트 이상 높아집니다.

음식 및 영양부족은 어린이들을 비전염성 만성질환에 시달리게 하고, 면역 방어체계를 무너뜨립니다. 유엔 라틴 아메리카 경제위원회는, 올해 2세 미만 영아 가운데 약 36퍼센트가 영양실조로 심각한 위험에 처해있다고 밝혔습니다. 특히, 그러한 사정은 농촌지역에서 더 심각한데, 농촌지역은 약 46퍼센트가 대체로 위생이 불결한 상태에 있고, 공중보건에 접근하기가 어렵기 때문입니다.

빈곤층은 가난과 연관된 질병에 많이 노출되어 있습니다. 시력상실의 주요인 가운데 하나로 간주되는 비타민A 결핍의 경우, 5세 미만 어린이 수백만 명이 그 영향을 받고 있습니다.

1세 미만 영아에게 디프테리아, 홍역, 백일해, 소아마비, 결핵, 파상풍과 같은 6대 아동질병의 예방접종에 드는 비용은 80센트도 안 됩니다. 그럼에도 불구하고 세계보건기구는, 미국과 캐나다를 포함한 전 아메리카 대륙에서 1세 미만 영아가 예방접종을 받는 비율이 85~90퍼센트 정도라고 밝히고 있습니다. 이 대륙에서 5세 미만 유아 1천5백만 명 이상이 그러한 6대 질병으로부터 보호받지 못하고 있다는 말입니다.

라틴 아메리카와 카리브 지역에서 평균 출산사망률은 십만 명당 200명입니다. 반면 선진국에서는 약 15명입니다. 이 원인 하나 때문에, 우리 지역 아이 5만 명이 엄마가 없는 처지에 놓이게 되는 것입니다. 게다가, 살아남은 산모들도 임신·출산 기간 동안 충분한 영양을 섭취하지 못하고, 적절한 보살핌을 받지 못해 생기는 질환으로 고통당하고 있습니다. 이런 식으로 산모 수백만 명이 임신·출산 중 필요한 의료혜택을 받지 못함으로써, 연관된 만성질병으로 고통을 당합니다.

두 가지 기본지표 즉, 유아사망률과 출산사망률은, 해마다 선진국보다 라틴아메리카와 카리브 지역에서, 출산 천 명당 영아 6.5명과 산모 12.6명이 더 죽어가고 있음을 보여줍니다. 게다가, 해마다 태어나는 영아 천2백만 명 가운데 약 2백만 명은 미성년자가 출산하고 있습니다. 인체면역결핍바이러스(HIV)/에이즈가 이 지역에서 위협적인 속도로 증가하고 있는데, 유엔에이즈기구 자료에 의하면 170만 명이 이미 감염되었습니다. 유니세프는 해마다 어린이 6만 5천 명이 새로 감염되고 있고, 그 중 90퍼센트는 산모에 의한 수직감염이라고 밝히고 있습니다. 그 결과 에이즈로 인한 고아가 이미 19만 5천 명에 달했습니다. 라틴아메리카와 카리브 지역에서 7만 8천 명 이상이 에이즈로 사망했습니다.

교육 분야에서는, 20퍼센트의 아동이 교육을 늦게 받고 있으며, 평균학력은 대략 4학년입니다. 이 지역에서 취학 전 교육수혜자는 평균 15퍼센트밖에 안 됩니다.

아동 노동이 실제로 페스트처럼 확산되고 있습니다. 15세 미만 아동 약 2천만 명이 노동을 하고 있고, 그 중 절반 이상이 소녀들입니다. 그리고 그런 노동의 대부분은 인정받지도 못하고, 공식통계에 보고조차 되지 않습니다.

범미주보건기구에 의하면 폭력이 5세~15세 아동들의 주요 사망원인이 되었다고 합니다. 아동학대에 관한 정확한 통계를 구할 수는 없지만, 유니세프의 연구에 의하면, 아동과 청소년 6백만 명이 심각한 폭력피해자이고, 그 중 8만 명이 해마다 가정폭력으로 사망한다고 합니다.

1996년에 열린 '성 착취에 관한 세계회의(World Conference of Sexual Exploitation)'에서 밝혀진 바에 의하면, 1995년에 이 지역 7개국에서 성적으로 착취당한 소녀 가운데 47퍼센트는 가정 내 폭력과 강간의 희생자였습니다. 이러한 피해소녀 가운데 절반가량이 9~13세에 매춘을 시작했고, 그 가운데 50~80퍼센트가 마약복용을 하고 있었습니다. 소년소녀 수십만 명이 길거리에서 일하고, 자고 있으며, 일부 도시에서는 매춘에 종사하는 여성 가운데 46퍼센트가

16세 미만입니다. 이러한 비극의 정치·경제적 원인에 대해서는 여러분들이 더 잘 알 것이기 때문에 이 자리에서 다시 언급하지는 않겠습니다.

마지막으로 덧붙이고 싶은 말은—이는 내 의무이기도 합니다— 만약 라틴아메리카와 카리브 지역에서, 1세 미만 영아사망률이 탄생 첫 해 1,000명 생존 대비 6.4, 5세 미만 유아사망률이 8.3인 쿠바와 비슷하다면, 해마다 약 40만 명의 어린이가 살아남을 수 있을 것입니다. 그리고 99.2퍼센트가 취학전 교육을 받을 수 있고, 99.9퍼센트가 6세에 입학할 것이며, 99.7퍼센트가 6학년까지 학교에 다닐 수 있을 것입니다. 입학한 학생의 98.9퍼센트가 6학년을 마치고, 그 학생들의 99.9퍼센트가 중학교에 들어갈 수 있습니다. 또, 그 졸업생들 가운데 99.5퍼센트가 고등학교나 기술학교에 진학하고, 특수교육이 필요한 어린이는 특수학교에 다닐 수 있을 것입니다. 문맹자는 없어질 것이고, 성년들의 평균 교육수준은 9학년 이상이 될 것입니다. 마지막으로, 16세도 안 되어 생계노동을 해야 하는 어린이는 한 명도 없을 것입니다.

이렇게 다른 우리의 경험은 아주 부족한 자원을 가지고서도 많은 일을 할 수 있음을 입증해 주었습니다.

\*

어제 나는 영아에 관해 얘기했습니다. 따라서 오늘 그 이야기를 계속할 계획은 없지만, 아침에 있었던 주요 토론 때문에 몇 마디 하지 않을 수 없습니다. 단 '몇 마디'만 더할 예정이니 너무 걱정하지 마십시오!

신자유주의 세계화는 세계를 재앙으로 몰고 있습니다. 나는 어떤 철학이나 도그마의 관점에서 말하는 것이 아닙니다. 우리는 오늘 이 회의에 유럽과 라틴아메리카 국가들이 참석하고 있음을 망각하고 있습니다. 라틴아메리카 국가들 가운데 극소수만이 다른 국가보다 훨씬 높은 수준의 경제적·산업적·사회적 발전에 도달했다는 사실을 경시하고 있습니다.

예를 들어, 칠레는 빈곤층 수를 5백만에서 3백만으로 감소시켰습니다. 이러한 업적은 인정과 찬사를 받을 만합니다. 하지만 계속된 연구는, 라틴아메리카 전체에서 빈곤층 수가 날마다, 해마다 증가하고 있고, 어린이 가운데 50퍼센트가 빈곤 혹은 절대빈곤 속에 살고 있음을 보여줍니다.

예를 들어, 우리는 1992년에 4천7백8십억 달러였던 라틴아메리카와 카리브 지역의 외채가 오늘날 7천5백억 달러가 되었다는 사실을 망각하고 있습니다. 그동안 이자를 9천1백3십억 달러나 지불했음에도 불구하고 그렇게 엄청나게 증가했다는 사실을 망각하고 있습니다. 잘 알려진 대로, 국제통화기금과 그 주인들이 주역이라는 사실도 우리는 망각하고 있습니다. 지난 80년대 말에 외국인 개인투자는 1천1백5십억 달러였는데, 1999년에는 8천6백5십억 달러로 늘어났다는 사실을 우리는 망각하고 있습니다. 이 액수 가운데 71퍼센트가 부유한 국가 자체에 투자되고, 단지 29퍼센트만이 이른바 개발도상국에 투자되고 있다는 사실을 잊고 있습니다. 그 29퍼센트 가운데 45퍼센트는 중국에, 40퍼센트는 라틴아메리카에, 15퍼센트는 아프리카와 아시아에 투자되었습니다. 외국인 개인투자 총액 중에서 약 85퍼센트가 새로운 산업설비과 서비스, 즉 새로운 일자리와 부의 창출이 아니라, 기존의 사업과 서비스를 인수하는 데 사용되었습니다. 이는 새로운 현상입니다.

우리 국민들의 욕구 대부분은 진정한 의미에서 충족되지 않고 있습니다. 불공평한 분배가 최소한으로 감소된 쿠바 같은 국가에서도 여전히 격차는 존재합니다. 이러한 격차는 심각하고, 빈곤이 소외감을 창출할 때 그 결과는 비극적입니다.

엄청난 소득격차의 산물이기도 한 소외감은 교육을 황폐화시킵니다. 가난한 어린이와 겨우 기본욕구만 충족되는 어린이의 미래에는 어떠한 평등도 존재하지 않습니다. 이러한 불평등은 라틴아메리카와 카리브 지역 어린이의 절반 정도에 실질적인 영향을 미치고 있습니다. 아주 심각한 이런 비극은 해답을 요구하고 있습니다. 이러한 상황에 처한 라틴아메리카에서, 어린이를 위해 해야 할 일이 있음은 분명합니다. 이러한 과제는 해결되어야 하고, 일부 국가들은 이미 비상한 노력을 하고 있음을 이 자리에서 보여 주었습니다. 어제 말했듯이 쿠바에서는 봉쇄와 빈곤에도 불구하고, 어느 정도 목표가 달성되었습니다. 하지만 할 일이 많이 남아있기 때문에 아직 만족할 수 없습니다. 오늘날 이용할 수 있는 가시적인 특별지원과 기술지원을 통해 이를 실천할 수 있고, 또 우리는 실천해 나갈 것입니다.

나는 우리나라에서 라디오를 통한 읽기·쓰기 학습시스템이 개발되었다는 사실을 덧붙이고 싶습니다. 이 시스템은 아이티공화국에서 300명을 대상으로 시험 방송되었고, 그 결과는 놀라웠습니다. 현재 3천 명까지 확대하고 있으며, 전 국가로 확대하기 위해 노력 중입니다. 우리는 이 시스템을 아이티의 크리올어로 개발했고, 결과는 아주 고무적입니다. 이러한 상황변화는 최소한의 자원, 정말 최소한을 통해서도 문맹률을 감소시킬 수 있는 엄청난 가능성을 증명하는 것입니다. 한 중앙방송국에서 학습시스템을 그냥 방출하기만 하면 됩니다.

이를 훨씬 용이하게 하는 텔레비전에 대해 얘기하고 있는 것이 아닙니다. 쿠바에서는 점차 텔레비전 교육방송을 확대해 가고 있으며, 결과적으로 전 국가가 실제로 대학이 되어가고 있는 중입니다. 나는 지식에 대한 인류의 무한한 갈증에 기초하여 경이로운 결과를 이미 가져왔고, 이루어진 일에 대해 얘기하고 있는 것이지 미래의 희망사항을 얘기하는 것이 아닙니다.

특히 우리는 빈곤, 소외감, 교육에 대한 깊은 연구를 진행하고 있습니다. 여기서 젊은 사람들의 가족상황에 관한, 아주 흥미로운 사실들을 언급할 수 있습니다. 우리는 범죄의 원인, 범죄의 뿌리에 관심을 기울이고 있습니다.

단지 이 분야뿐만 아니라 많은 다른 분야에서도 완전히 새로운 세계가 우리 앞에 펼쳐져 있습니다. 우리는 비록 부유하지는 않지만, 교육을 통해 풍부한 인적자원을 보유함으로써, 과거에는 도저히 성취 불가능하고, 유토피아로 보이기만 하던 꿈을 오늘날 꿀 수 있게 되었습니다. 하지만 우리는 지금까지 이루어 온 일이 너무나 보잘 것 없음에 여전히 당황해하고 있습니다.

현실을 직시하면서 일하고, 환상과 거짓의 뜬구름 속에서 헤매지 맙시다. 우리는 진정 우리에게 필요한 자원부족의 근본이유를 찾아내고, 우리 어린이들에게 더 인간적인 삶을 선사하기 위해, 세계에 강요된 불의의 정치경제 질서를 꼼꼼히 검토해야만 합니다.

# 8

## 역사와 인간에 대하여

대중집회

아바나구, 2001년 1월 27일

인류가 정치발전, 사회정의,
평화공존 분야에서는 과학기술 분야의
경이로운 진보보다 한창 낙후되어 있다는 사실을
절감할 수 있습니다.

# 역사와 인간에 대하여

대중집회, 아바나구(區), 2001년 1월 27일

인류는 역사상 가장 복잡한 시기로 접어들었습니다. 우리는 오랫동안 지속되고 있는 격렬한 전쟁의 굉음 속에서 새로운 밀레니엄을 시작했습니다. 앞으로 우리가 맞이할 시기는 쿠바뿐만 아니라 이 지구상에 살고 있는 모든 인류에게 결정적으로 중요한 의미를 가질 것입니다.

막 끝이 난 지난 세기 동안, 전쟁 속에서, 세계의 분할 속에서, 인류 절대 다수에 대한 (집단적·개인적) 약탈과 착취 속에서 오랜 세월이 허비되었습니다. 이제는 너무나 심각해져 버린 숱한 최악의 문제들은, 당시만 해도 예견하고 대처할 수 있는 충분한 시간이 있었던 것들입니다. 과학과 기술 분야에서는 엄청난 진보가 이미 시작되었습니다.

합리적이고 지속가능한 방식으로 사용할 수 있는 풍부한 미개척지, 숲, 물, 광물자원이 20세기 초까지는 있었습니다. 공기와 해양은, 오염물질과 화학폐기물로 상상을 초월할 정도로 오염되어 버린 오늘날과는 달랐습니다. 세계의 정치와 경제는 아주 맹목적인 속도로 혼란스럽게 진행되었습니다. 환경, 생물학적 다양성, 자연보존, 사막화, 오존층의 구멍, 기후변화 등과 같이 최근에 자주 사용하는 용어들은 몇 십 년 전만 하더라도 거의 언급되지 않거나 알려지지도 않았습니다. 궁극적으로, 지금과 같은 제국적, 패권적, 단극적 장악상태를 야기한 무질서한 생산체제 하에서, 엄청난 자원이 낭비되고 있습니다. 자연은 심각하게 훼손되고 있고, 불합리하고 지속 불가능한 소비모델이 구축되었습니다. 그것은 오늘날 지구상에 살고 있고, 앞으로 살게 될 인류의 절대 다수에게는 전적으로 성취 불가능한 꿈이 되어 버렸습니다.

자연이 수백만 년 동안 만들어 낸 비축된 탄화수소 중 많은 양이 단 100년 만에 연소되어 가스와 부산물로 대기와 해양으로 쏟아졌습니다. 어떠한 윤리기준이나 도덕기준도 없이, 어떠한 대가에도 시행하는 이윤 지상주의는 현재와 미래 세대에 심각하게 파괴적인 흔적을 남겼습니다.

현재 세계에서 발생하고 있는 사태를 돌이켜 보면, 인류가 정치발전, 사회정의, 평화공존 분야에서는 과학기술 분

야의 경이로운 진보보다 한창 낙후되어 있다는 사실을 절감
할 수 있습니다.

한편, 세계인구는 60억을 넘어섰고, 그 중 3분의 2가 견
디기 힘들 정도로 낙후되고 빈곤한 환경 속에 살고 있습니
다. 50년 이후에는 30억 이상의 인구가 이미 오염된 세계를
공유할 것이고, 오늘날 20세 미만의 사람들 중 다수는 그러
한 환경 속에서 살게 될 것입니다. 오늘날 세계인구 가운데
18억의 인류가 이 자리에 모인 젊은이들처럼 희망과 환희로
꽃망울을 터트리는 어린이와 16세 미만의 청소년입니다.

이 모든 인류, 남녀노소에게 필요한 최소한의 생존환경
을 보존하는 것보다 더 절박한 과제가 어디 있겠습니까? 자
원을 고갈시키는 낡은 세계질서는 인류가 지구상에서 존엄
하고 고결한 삶을 영위하는 데 필요한 자연조건을 창조할
수 없고, 인류를 구할 수도 없습니다. 다양한 민족, 인종, 집
단, 문화, 종교를 가진 인류 모두가 실제로 평등한 기회를
얻고, 진정한 정의를 누리는 것은 세계 어느 오지에서도 더
이상 미룰 수 없는 과제들입니다. 이것은 이데올로기 문제
가 아니라 전 인류의 생사가 걸린 문제입니다.

지배적인 통치 권력과 특권을 휘두르는 자들에게 기대
할 것이라고는 아무 것도 없습니다. 그들이 세계에 강요한
신자유주의 세계화는 지속 불가능한 것입니다. 첫 번째 위
기 징조는 이미 가시화되고 있으며, 그 위기는 실물경제가

투기경제로 변하고, 세계에서 매일 발생하는 금융거래의 대부분을 차지할 정도로 더욱 심각하게 될 것입니다.

경제권력 중심들 사이의 갈등은 증폭되고, 시장쟁탈전은 더 살벌해질 것입니다. 모든 생산체제는 본말이 전도되어 있습니다. 즉, 경제가 상품과 서비스를 생산하기 위해 작동하고 성장하는 것이 아니라, 상품과 서비스가 경제를 작동케 하고 성장시키기 위해 소비되는 것입니다.

그럼에도 불구하고, 세계 권력과 자원을 통제하는 영향력이 큰 사람들이 이러한 현실을 이해하려고 노력하는 징후는 전혀 찾아볼 수 없습니다. 설사 그들이 현실을 이해한다고 하더라도, 이를 변화시키려는 의지는 또 찾아보기 어렵습니다. 오늘날 초국적 기업들은 세계에 있는 모든 정부를 다 합친 것보다도 더 많은 능력과 부와 권력을 가진 조직입니다. 그 기업들이 계속 합병하고, 체제 자체를 양산해 낸 (바로 그 체제의 통제 불가능한 맹목적) 법칙에 추동되어 세계의 금융, 생산, 경제를 지배하려 하는 동안, 그 위기는 더욱더 가속화될 것입니다.

조만간 결국 심각한 위기가 폭발하여, 대다수의 국가들이 파멸에 처하게 되리라는 것이 가장 유력한 시나리오입니다. 빈곤과 기아는 더 늘어날 것이고, 세계인구 가운데 절대다수가 살고 있는 빈국들에게 발전가능성은 한층 더 줄어들 것입니다. 지금까지의 인류 경험에 의하면, 냉정한 분석이나 합리적 사고, 예측이나 기본상식 그 어느 것에 의해서도 해결책이 만들어질 수 없습니다. 불행한 일이긴 하지만 대부분의 해결책은 오직 위기의 폭발로부터 나온다는 것이 역사의 진실로 입증되어 왔습니다.

자연환경을 보존하고 지구상의 생명을 보호할 수 있으며 정의와 연대로 충만하고 차이를 인정하는 세계질서만이 유일한 대안입니다. 이러한 대안을 가능케 하기 위해서, 자기보존을 향한 인간의 본능이 과거 어느 때보다 더 강력하게 자각되어야 합니다.

작은 나라 쿠바는 우리가 꿈꾸고 있는 미래를 위해 가장 겸손한 헌신을 하고자 노력하고 있습니다. 지리적 위치와 아주 특수한 역사적 환경 때문에 1868년 10월 10일 쿠바에서 시작된 해방혁명은 이제 세계 인류가 수행하지 않을 수 없었던 정치투쟁에서 명예의 전당이 되었습니다. 그들은 민족으로서의 생존과 정체성을 위해, 지속가능한 경제 사회 발전의 권리를 위해, 정당하고 합리적이며 연대에 기초한 세계질서를 위해 투쟁해야 합니다.

쿠바혁명 승리 42주년을 기념하고, 새로운 밀레니엄으로 승리의 진군을 하면서, 우리 국민은 과거 어느 때보다 정치적으로 더 강력하고, 역사상 최고조의 단합과 혁명의식을 성취했습니다.

미국의 신행정부는 다소 비정상적인 방식으로 이제 막

집권했습니다. 재미 쿠바인 마피아가 현 대통령의 얼룩진 선거전 승리에 결정적인 역할을 했습니다. 아주 특이한 이번 선거과정 전후에 이 정부의 주요 인사들이 행한 연설을 통해 드러난 그들의 배경과 사상은 의심과 불신과 공포 분위기를 조장하기에 충분했습니다.

현재, 그 인물들과 밀접히 연계된 새로운 지배집단의 집권 가능성에 도취된 분위기에서, 쿠바는 (미국에서) 가장 반동적인 세력들의 좌절, 분개, 증오의 희생양이 될 수 있었습니다. 그럼에도 불구하고 42년간 첨예한 위험에 직면해 왔던 우리 조국과 불굴의 국민들은 과거 어느 때보다도 더 높은 냉정, 침착, 확신을 가지고서 미래를 응시할 것입니다. 그 무엇도 우리의 여정을 막지는 못할 것입니다.

비록 우리는 미국의 신행정부에게 별다른 개선을 기대하지는 않지만, 미리 성급한 판단을 하거나 먼저 돌팔매를 하지는 않을 것입니다. 그 대신 우리는 우리의 정치적 행동과 방식에서 예전과 같이 높은 도덕성을 유지할 것입니다. 우리는 그들이 취하는 모든 발걸음, 그들이 하는 모든 말을 주의 깊게 관찰할 것입니다. 경제적, 정치적, 혹은 다른 어떠한 견지에서 그 무엇도 우리의 방어태세나 각성상태, 혹은 준비태도를 잘못된 방향으로 유도할 수는 없을 것입니다.

새로운 밀레니엄으로 들어가고 있는 쿠바는 1959년(혁명 당시—옮긴이)의 경험도 없고, 무장도 되지 않은, 문맹의 쿠바가 아닙니다. 오늘날 쿠바에는 단 한 명의 문맹자도 없습니다. 당시에 초등학교 졸업생이 한 명이었다면 지금은 대학 졸업생이 두 명입니다. 남녀 수백만 명이 무기사용법을 습득했고, 수십만 명이 다양한 국제임무를 수행했습니다. 경험 있는 간부 수만 명이 전쟁에서 훈련되었습니다. 우리 국민은 수준 높은 교육을 받고, 수준 높은 정치의식을 가지고 있습니다. 쿠바는 마치 하나의 거대한 학교와 같습니다. 우리는 상상할 수도 없는 환경에 맞서고, 이를 극복하는 법을 배웠습니다. 우리 조국은 전 세계에서 가장 부유하고 가장 중요한 국가로 부상한 미국과의 무역 경제관계에 어떠한 국가보다 덜 종속적입니다. 또 우리는 모든 국제포럼에서 다른 어떤 나라보다 진실을 천명하고, 가난하고 착취당하는 세계인류의 권리를 옹호하는 데 더 자유롭습니다.

　쿠바는 우리의 권리에 대한 존경심과, 쿠바에 대해 행해진 살인적인 대량학살법의 종식을 요구하면서 지난 14개월 동안 전개해 온 사상전쟁을 계속하고, 우리 국민이 조국에 맹세한 신성한 서약을 흔들림 없이 지켜갈 것입니다.

# 9

## 쾌벡시 시위자들에게
## 보내는 메시지

퀘벡시의 '미주자유무역지역' 정상회담
반대 시위자들에 보내는 메시지

2001년 4월 17일

이것이 스스로를 인권 옹호자로
자처하면서 세계를 농락하고 있는 정부들이
자기 국민을 대하는 바로 그 방식입니다.

# 퀘벡시 시위자들에게 보내는 메시지

뉴욕, 2001년 4월 17일

퀘벡시에서 라틴아메리카와 카리브 지역 국민의 정치적·경제적 권리 훼손을 영속화시킬 법안에 반대하며 평화롭게 시위하는 군중을 캐나다 정부가 잔인하게 진압했다는 소식을 방금 들었습니다. 실로 개탄스러운 일입니다!

퀘벡시에서 정의와 대의를 위해 투쟁하는 자들의 용기 있는 행동에 쿠바국민의 이름으로 동지애와 찬사를 보냅니다.

이것이 스스로를 인권 옹호자로 자처하면서 세계를 농락하고 있는 정부들이 자기 국민을 대하는 바로 그 방식입니다. 이것이 살아남을 수도 있었지만, 매년 질병과 기아로 인해 죽어가는 전 세계 수백만 아동, 여성, 노인에 대한 그들의 인식을 분명하게 밝혀 주는 방식인 것입니다. 그들이 인류에게 강요한 이 같은 불의의 질서를 계속 유지시켜 나갈 수는 없을 것입니다.

우리는 최대의 연대를 구축하고 있습니다. 쿠바는 당신들과 함께 있으며, 당신들을 전폭적으로 지지하고, 당신들에게 안부를 전하는 바입니다.

# 10

암울한
미래에 대하여

국제의원연맹

아바나, 2001년 4월 5일

과거가 비극적이라면,
미래는 암울해 보입니다.

# 암울한 미래에 대하여

국제의원연맹, 아바나, 2001년 4월 5일

1981년 68차 국제의원연맹 회의 연설에서, 나는 선진 부국들과 이전에 그들의 식민지였던 국가들 사이의 괴리 심화를 설명하기 위해 여러 가지 통계자료를 인용했습니다. 그리고 다소 지나쳐 보이는 발언을 하기도 했습니다. "과거가 비극적이라면, 미래는 암울해 보인다."

그 누구도, 자칭 전문가들의 거짓선전과 사기가 낳은 신조어로 우리를 속이거나 혼란스럽게 해서는 안 됩니다. 위선적인 전문가들은, 점점 더 불평등하고 부당해지는 경제·정치 질서 즉, 인간이 가져야 하는 최소한의 권리에 대한 존경심이나 연대감, 혹은 민주주의도 완전히 결여된 그러한 질서에 인류를 종속시켰던 국가들의 이익을 위해 일하고 있습니다.

이 말은 전혀 과장이 아닙니다. 제3세계 외채는 1981년에 약 5천억 달러였는데, 2000년에는 2조 1천억 달러가 되었습니다. 라틴아메리카의 외채는 1981년에 2,551억 달러였는데, 2000년에는 7,508억 달러가 되었습니다. 1981년에 440억 달러에 달하던 제3세계 외채이자가 2000년에는 3,474억 달러에 이르렀습니다.

1978년 선진국의 일인당 국내총생산(GDP)은 8,070달러였고, 20년이 지난 1998년에는 25,870달러가 되었습니다. 한편, 1978년에 200달러였던 극빈국의 일인당 국내총생산은 1998년에 겨우 530달러가 되었습니다. 심해와 같은 격차는 점점 더 벌어졌습니다.

영양실조 상태에 있는 인류 대부분이 제3세계에 살고 있으며, 그 수는 1981년에 5억 7천만 명에서 2000년에 8억으로 늘어났습니다. 실직자수는 1981년 11억 3백만 명에서 2000년 16억으로 늘어났습니다.

오늘날 세계인구 가운데 가장 부유한 20퍼센트가 총 개인소비지출의 86퍼센트를 차지하는 반면, 가장 가난한 20퍼센트의 비중은 단지 1.3퍼센트밖에 안 되는 실정입니다. 부유한 국가의 일인당 전기소비량은 가난한 국가들을 모두 합친 것보다 10배나 많습니다.

유엔 통계에 의하면 1960년 가장 부유한 국가들에서 살고 있던 세계인구 20퍼센트의 소득이 가난한 국가들 소득의 30배나 되었으며, 1977년에는 무려 74배로 늘어났습니다.

1987~1998년 식량농업기구(FAO)가 수행한 연구는, 저발전국가 아동 5명당 2명이 발육부진을 겪고 있고, 3명 가운데 1명이 연령 대비 저체중 상태임을 보여줍니다.

제3세계에는 가난한 사람이 13억 명이나 있습니다. 즉, 3명 중 1명이 빈곤층이라는 말입니다. 세계은행은 최근 빈곤에 관한 보고서에서 절대빈곤층 수가 새로운 밀레니엄이 시작되면 15억에 이를 것으로 예측했습니다.

세계인구 가운데 상위 25퍼센트가 모든 육류 · 생선 소비의 45퍼센트를 차지하고 있는 반면, 하위 25퍼센트는 단 5퍼센트만을 소비하고 있습니다. 사하라사막 이남의 아프리카에서 영아사망률은 107이고, 5세미만 유아의 경우 173이었습니다. 남아시아에서는 각각 76과 114였습니다. 유니세프에 의하면 라틴아메리카의 경우 5세미만 유아사망률은 천 명 출산당 39였습니다.

어른 8억 명 이상이 문맹입니다. 1억 3천만 명이 넘는 취학연령층 아동이 기본교육도 받지 못한 채 성장하고 있습니다. 현재 세계에서 8억 명 이상은 전혀 의료서비스를 받지 못한 채 만성적인 기아로 고통 받고 있습니다. 이것이 오늘날 제3세계에 살고 있는 5억 7백만 명의 수명이 40세를 넘기지 못하는 이유라는 사실은 은폐할 수 없는 진실입니다. 사하라사막 이남 지역에서는 인구의 약 30퍼센트가 40세 이전에 죽게 될 것입니다.

1981년에는 기후변화라는 말이 거의 언급되지도 않았고, 에이즈에 관해 들어본 사람도 극소수였습니다. 오늘날이 두 가지는, 이미 언급된 인류의 재앙에 덧붙여진 2대 재앙이 되었습니다.

1981년 세계인구는 40억을 넘어섰습니다. 그 중 75퍼센트가 제3세계에 살았습니다. 2001년 세계인구는 이미 61억을 상회했습니다. 20년만 더 지나면 세계인구는, 인류의 등장 이후 20세기까지 동안 증가한 것보다 더 많은, 17억 명이 늘어날 것입니다.

요컨대 현재 제3세계 국가들의 소득비중은 엄청나게 줄어들어, 150년 전에 세계의 56퍼센트이던 것이 겨우 15퍼센트에 불과하게 되었습니다. 이러한 사실이야말로 제3세계와 대다수 인류에게, 자본주의와 제국주의가 갖는 실질적 의미가 드러나는 아주 특별한 방식입니다. 즉, 그것은 위기, 혼돈, 경제적 무정부상태, 이기적이고 비인간적인 가치체계인 것입니다.

우리 조국은 4백년간의 스페인 식민지 통치와 57년간의 미국 식민지 지배를 거친 후 역사상 처음으로 이중의 자유를 성취했습니다. 왜냐하면 우리는 독재(바티스타)와 제국(미국) 양자로부터 해방되었기 때문입니다. 그 순간 이후부터 가난한 우리 조국은 잔인한 경제봉쇄에 직면해 왔습니다.

많은 사람은 우리가 강대국의 위성국에 불과하다고 믿었습니다. 혁명의 몰락에는 몇 주일, 기껏해야 몇 달 걸리지 않을 것으로 예견하였습니다. 하지만 그 위성국은 자체의 빛과 특별한 힘, 진정한 자유의 조그만 태양, 주권, 애국주의, 사회정의, 기회의 평등, 국경 안팎의 연대감, 불굴의 윤리적 · 인간적 원칙 등을 가진 것으로 입증되었습니다.

혁명을 통해서 이루어진 이러한 국민의 권력, 이러한 무한한 신망, 국민의 이러한 힘과 단결이 개인적 허영심이나 권력 혹은 물질에 대한 욕망을 충족시키는 데 조금이라도 일조했습니까? 아닙니다. 그것은 우리 조국의 역사상 가장 위험하고 어려운 시기에, 제국이 개시한 공격에 맞서는 데 기여했던 것입니다.

쿠바 지도자들을 마치 어린 아이 취급하면서 우리에게 역사나 정치에 관한 교훈을 가르치려는 시도는 애초에 하지 말기 바랍니다. 쿠바에서는 어린 아이도 어떤 저명한 정치가들보다 사태를 더 잘 파악할 수 있습니다.

끔찍한 환경 속에서도 극복하기 어려운 주요 사회적 프로젝트가 (쿠바에서) 시작되었습니다. 15세~60세의 국민 가운데 약 3분의 1이 읽고 쓸 수 없었던 문맹의 상황이 일 년 만에 사라졌습니다. 동시에 거의 접근 불가능한 오지에 수천 개의 학교를 세웠습니다. 미국이 더 나은 물질생활을 보장하고, 비자를 내줌으로써 당시 쿠바의사 6천 명 가운데 절반과, 의과대학 교수 절반 이상을 데려갔음에도 불구하고, 시골과 도시에 의료서비스를 구축하였습니다. 초등, 중등, 고등학교를 위해 교사와 교수들을 양성하였습니다. 수천 개의 학교를 개설했습니다. 기술학교 및 음악, 무용, 미술, 체육, 스포츠 분야의 교사 및 교수 양성센터가 이전에는 단 3개밖에 없었지만, 이제는 전국 각지에 개설되었습니다. 여기에는 21개 의학대학(라틴아메리카 의학대학 창설과 더불어 현재 총 22개가 됨)과 대학 수준의 15개 사범학교도 포함됩니다.

채 40년도 안 되어 쿠바는 영아사망률을 6.4로 줄이고, 평균 예상수명을 75세가 되도록 만들었습니다. 그 '특별시기' 가운데, 라틴아메리카와 제3세계에서 이런 성과를 이룬 첫 번째 국가가 된 것입니다. 쿠바는 전 국민을 위한 무상의료보험을 실시하고, 평균교육 수준을 9학년으로 높였습니다. 또, 대학교육을 받은 7십만 명을 배출하고, 강력한 예술·문화 운동을 발전시키며, 스포츠 분야에서는 국민 1인당 금메달을 다른 어떤 국가보다 더 많이 획득하면서 상위 10위권 내에 들었습니다. 중남미 지역 및 국제 경기에서 쿠바는 이 대륙에서는 미국 다음으로 2위를 차지하면서 수많은 메달을 획득했습니다. 쿠바 어린이는 수학과 과학 경시대회에서 최우수 성적을 기록했습니다.

유네스코 조사에 의하면 쿠바 초등학생들이 라틴아메리카 다른 국가들보다 평균 두 배에 가까운 지식을 가지고 있는 것으로 밝혀졌습니다. 오늘날 우리나라는 교수, 교사, 의사, 수준 높은 스포츠 강사의 수에서 보면 선진국과 후진국을 막론하고 세계 모든 국가들 가운데 선두입니다. 이 분야들은 국가의 복지 및 사회 경제 발전에서 중요한 3대 분야입니다.

우리는 교육자 25만 명, 의사 6만 7천5백 명, 스포츠강사와 기술자 3만 4천 명을 보유하고 있습니다.

현재 우리는 이러한 엄청난 인적자원을 제3세계 자매국들과 완전무상으로 공유하고 있습니다. 해외에서 일하고 있는 쿠바인들은 폭넓은 기술·과학 능력뿐만 아니라 가장 중요한 특성인, 특별한 인간적 유대감과 불굴의 희생정신까지 발휘하고 있습니다.

우리 동포 수십만 명이 제3세계 많은 국가들, 특히 아프리카에서 기술 인력으로서, 또 식민주의와 인종차별 및 파시즘정권에 투쟁하는 투사로서 국제임무를 수행해 왔습니다.

내가 왜 이러한 일에 대해 열변을 토하는지 의아하게 생각할 수도 있을 것입니다.

첫째, 나는 이것이 해마다 제네바(인권위원회)에서 우리를 비난하는 이유인지 궁금하기 때문입니다.

둘째, 나는 이것이 우리가 42년 동안 고통, 경제전쟁, 봉쇄를 당했던 이유인지 궁금하기 때문입니다.

셋째, 나는 이것이, 그들이 쿠바혁명을 파괴하려는 이유인지 궁금하기 때문입니다.

몇 가지만 덧붙이고 싶습니다. 42년의 혁명기간 동안 쿠바에서는 국민을 향해 단 한 차례의 최루탄 가스도 사용한 적이 없고, 국민을 진압하는 폭동 진압기구, 말이나 무장한 차를 이용한 경찰 모습도 찾아볼 수가 없었습니다. 이것은 유럽이나 미국에서는 흔히 볼 수 있는 장면입니다. 우리나라에서는 암살대나 실종자 혹은 정치적 암살이나 고문피해자가 존재한 적이 없습니다. 지구상에서 쿠바라는 이미지와 사례를 지워 버리고 싶어 하는, 좌절되고 파렴치한 제국이 그렇게 떠들었음에도 불구하고 말입니다.

여러분은 쿠바 내 어디든지 여행하면서, 시민들에게 물어보고, 단 한 건의 증거라도 찾아보기 바랍니다. 혁명정부가 그러한 행동을 지시했다거나 눈감아 주었다는, 단 한건의 사례라도 있는지 찾아보기 바랍니다. 만약 여러분이 단 한 건이라도 발견한다면, 나는 다시는 대중 앞에 서지 않을 것입니다.

쿠바국민을 무력으로 지배할 수 있다거나, 고양된 정치의식으로부터 나오는 합의, 성취된 과업, 대중과 지도부간의 돈독한 관계 이외의 다른 방법으로 쿠바국민을 지배할 수 있다고 믿는 사람들은 우둔한 자들입니다. 쿠바에서는

(군·구 및 전국 단위의 인민권력) 국가회의 선거에서 투표권이 있는 선거인 95퍼센트 이상이 열정적으로 투표권을 행사했습니다.

제국주의의 윤리와 정치는 좀 다른가 봅니다.

1988년 쿠바군대가 앙골라에서 전쟁을 하고 있을 때, 키토 쿠아나발(Cuito Cuanavale)에서 남아프리카 군대와 맞선 주요 전투에서 쿠바군대 4만과 앙골라군대 3만이 앙골라 남서부 나미비아 국경으로 진격했습니다. 그때 남아프리카공화국 인종차별 정권은, 히로시마와 나가사키에 투하된 폭탄과 비슷한 7개의 핵탄두를 가지고 있었습니다. 나토도 그 사실을 알고 있었고, 미국도 그 사실을 알고 있었습니다. 하지만 어느 누구도 그에 관해 언급하지 않으면서, 폭탄이 쿠바–앙골라 군대를 향해 사용되기를 바랐습니다.

15년이라는 긴 시기 동안 우리가 남아프리카에 주둔하면서 인종차별 세력에 대한 경계를 강화하고, 적극적으로 투쟁하는 동안, 주요 자본주의 국가들은 남아프리카에 막대한 투자를 하고, 연간 무역규모는 수십억 달러에 달했습니다. 당시, 미국이 남아프리카에 투자한 금액은 총 30억 달러, 연간 무역액은 60억 달러에 달했습니다. 게다가 30억 달러의 차관을 그 인종차별 국가에 제공하기까지 했습니다.

미국은 남아프리카공화국의 군사동맹국이고(이 사실을 어찌 망각할 수 있겠습니까?) 남아프리카공화국을 통해 미

197

국은 (앙골라 반군인) '앙골라 완전독립 민족동맹'(사회주의 정권에 대항하는 게릴라 조직, Uniano Nacional para a Independencia Total de Angola−옮긴이)에 이동식 대공미사일과 앙골라 전역에 설치한 수백만 개의 지뢰 등 많은 무기를 공급했습니다. 앙골라 반군은 전 촌락을 전멸시키고, 여성과 아동을 포함해 수십만 명의 민간인을 살상했습니다. 이것은 조금도 과장이 아닙니다.

쿠바의 국제적 임무가 명예롭게 완수되고, 유엔결의안 435항의 이행과 나미비아[과거 이름은 South-West Africa, 1990년에 독립하였고 수도는 빈트후크(Windhoek)−옮긴이] 독립에 관한 합의가 이루어지면서, 우리는 참여국간의 약속을 철저히 준수하여 군대를 철수시켰습니다. 우리 군대가 아프리카를 떠날 때 지닌 것이라고는 전투에서 산화한 동지들의 유품뿐이었습니다. (며칠 전 내가 언급했듯이) 우리는 그곳에 한 뼘의 땅도, 공장의 나사못 하나도 소유하지 않았습니다. 서구 국가는 그곳에서 피 한 방울 흘리지 않았습니다. 오직 한 국가만이 피를 흘렸습니다. 아프리카에서 1만 킬로미터나 떨어져 있는, 조그만 국가 쿠바만이 피를 흘린 것입니다.

이제 내가 이 연설의 서두에서 언급했던, 제3세계 국민들이 현재 직면하고 있는 극적인 경제·사회적 상황에 관한 사실에다, 미국 신행정부가 국제 분야에서 오만한 행보를 하고 있다는 사실 한 가지를 덧붙이고 싶습니다. 국제경제,

다른 무엇보다도 미국경제가 심각한 불황, 침체, 위기의 위협에 직면하고 있는 지금, 심각한 혼란이 야기될 수도 있습니다. 이러한 기운은 전 세계 수출규모 감소, 기초생필품 가격 하락, 주식 가격 하락, 대규모 해고 및 임원감축 등을 통해 전세계에서 감지되고 있습니다.

가장 심각한 사태가 단 몇 주일 동안 발생했습니다.

첫 번째, 핵미사일방어망 건설 결정입니다. 이것은 탄도탄요격미사일 제한협정으로 맺은 약속을 일방적으로 파기하여 필연적으로 군비전쟁을 야기하게 될 것입니다.

두 번째, 팔레스타인 국민 보호를 위한 감시단의 신설 제안을 거부한 결정입니다. 이 제안은 중국, 러시아, 다른 유엔 안전보장이사회의 7개국이 지지하고, 상임이사국 2개국을 포함한 4개국이 기권한 가운데 이루어졌습니다.

1990년 5월부터 미국은 5번이나 거부권을 행사했는데, 그 중 4번이 팔레스타인-이스라엘 분쟁에 관련된 것입니다. 미국이 거부권을 마지막으로 사용한 것은 1997년 3월 21일, 팔레스타인에는 불리하고, 이스라엘에 유리한 예루살렘 동부 정착촌 건설 중단을 요구하는 결의안에 반대한 것입니다. 1972년 이후 미국은 팔레스타인 문제 해결을 위한 결의안에 반대하여 23차례나 거부권을 행사했습니다. 이스라엘에서 극우정부가 막 집권했을 때, 최근의 이러한 거부권 행사는 중동의 복잡한 상황을 한층 더 악화시켰습니다.

세 번째, 지난 1997년 일본 교토에서 개최된 유엔기후변화협약 세 번째 회의에서 합의된 결의안(교토의정서, Kyoto Protocol to the UN Framework Convention on Climate Change)을 일방적으로 파기한 결정입니다. 이 회의에서는 34개 선진국들이 온실가스 배출을 2012년도까지 5.2퍼센트 낮추기로 합의했는데, 이 목표는 인류의 운명을 위해서 아주 중요한 것이었습니다. 미국은 배출을 7퍼센트로 줄이겠다고 약속했습니다. 미국의 퇴행은 세계여론, 특히 온실가스 배출 감소에 지대한 공헌을 했던 유럽 국가들에게는 심각한 충격이었습니다.[19]

네 번째, 전형적인 냉전시대 용어를 사용하면서 러시아와 중국을 모욕하고 경멸하는 공식적 언사들입니다. 이는 미국 현 대통령 측근 자문 팀의 많은 인물에게서 분명하게 나타나는 의식구조의 반영입니다.

다섯 번째, 미국 신행정부의 국무성 차관보 니그로폰트(Negrogponte)가 라틴아메리카 문제에 대해 제안할 때 드러났던, 라틴아메리카를 향한 숨길 수 없는 경멸감입니다. 이 인물은 파시즘적 의식구조를 가진 불길한 인물이었습니다. 이 인물은 레이건 행정부 당시 올리버 노스(Oliver North)와 함께 미 국무부 특보로 참여했던 것으로 악명이 높았습니다. 니그로폰트는 니카라과 산디니스타 정부에 반대하는 추한 전쟁의 기금 모금을 위한 무기판매 스캔들에 연루된 적도 있습니다. 이러한 무기판매는 당시, 사실상 미국의회 스스로 채택한 조항에 의해서도 금지되었던 것입니다. 이 인물은 자신이 니카라과 반혁명 지도자들 이름으로 서명한 문서와 진술들을 모아 출판까지 했던 인물입니다. 그 니카라과 반혁명 지도자들 중 일부는 읽고 쓸 줄도 몰랐는데도 말입니다. 니크로폰트는 법을 어겼고, 완전히 윤리를 결여했습니다. 미국 언론사의 한 기자는 이러한 결정을 호되게 질책했고, 많은 라틴아메리카 지도자들도 개탄을 금치 못했습니다.

여하간 이러한 행동들은 미국 대통령 왕관을 새로 쓴 인물의 특징과 성격을 적나라하게 반영하는 것입니다.

# 11

피노체트의 재판

피노체트의 재판

2001년 4월 28일

피노체트의 행동은 단독범행이 아니었습니다.
미국대통령, 미국정부, 미 정부 최고위직 관리들이
아옌데가 선출되던 바로 그날
그를 전복할 결정을 내렸던 것입니다.

# 피노체트의 재판

2001년 4월 28일

노티멕스(Notimex) 통신은, 산토도밍고 데일리지(紙) 리스틴 디아리오(Listin Diario)기자가 가르송 판사(Garzon, 피노체트 재판 담당 스페인 판사)에게 '피델 카스트로를 수감시킬 수 있는가' 라는 질문을 했을 때, 그는 '어떠한 범죄에 관한 법적 판단도 현 국가원수에게는 적용되지 않는다' 는 답변을 했다고 보도했다. 가르송 판사는 이 사안이 1969년 협정과 국가원수의 비책임성과 같은 협정에 의해 결정된다고 덧붙였다. 국제사법재판소만이 그러한 판단을 할 수 있다.

가르송 판사는 쿠바 지도자를 고소한 사건 파일을 받았지만, 국제법에 의해 규정된 제약으로 어떠한 법적 행동도 취할 수 없기 때문에 그 파일들을 심도 있게 검토하지 않았다고 밝혔다.

가르송 판사에게 송부된 사건 파일에 관해서 나는 이러한 계략의 배후에는 재미 쿠바인 테러 마피아가 있고, 그들이 가르송 판사에게 커다란 기대를 걸고 있음을 잘 알고 있습니다.

나는 가르송 판사에 대해 조금도 걱정하지 않았습니다. 단순하게 말하면, 나는 가르송 판사의 재판권이나 스페인 헌법의 관할권에 있지 않습니다. 스페인에 살고 있지 않고, 그곳에서 아무 잘못도 범하지 않은 다른 나라 시민에 대해 판결을 내릴 수 있는 권한을 가르송 판사에게 인정하는 국제규약은 존재하지 않습니다. 스페인 국내법은 영토를 초월하는 사법권을 갖지 못합니다. 이는 헬름스-버튼 안과 미국 국내법이 그렇지 못한 것과 같은 이치입니다. 그러한 영토를 초월하는 사법권은 초강대국들의 이해관계에 저해되는 작은 나라에 반대하여, 그들의 손아귀에 있는 위험한 무기로서 사용될 뿐일 것입니다. 그럴 경우, 제국주의의 입맛에 맞지 않는 혁명 지도자들—그들의 행동이 얼마나 윤리적이고, 그들의 명분이 아무리 정당하다 할지라도—은 제국주의 국가의 국내법과, 흔히 쉽게 매수당하고 타락한 판사의 결정에 따라 마음대로 처형당할 수 있을 것입니다.

수만 명의 국민을 고문하고 사라지게 했던 피노체트와 아르헨티나 군부정권이 저지른 가공할 만한 범죄행위에 대한 전 세계적인 공분이, 미국과 나토동맹국에게, 그 국가들의 법과 판사의 초국적인 사법권을 인정하는 정당화의 빌미로 이용되어서는 안 됩니다.

오포토(Oporto)에서 열린 이베로-아메리카 정상회담에 참가하여 스페인 후앙 카를로스 국왕을 만나던 이른 아침시간에, 피노체트가 영국에서 체포되었다는 소식을 들었습니다. 나는 생각했습니다. 이건 또 얼마나 이상야릇한 사태인가? 왜냐하면 피노체트야말로 포클랜드 군도 전쟁기간 동안 영국에 지대한 공헌을 했던 인물이었기 때문입니다.

다음날, 나는 영국에서의 피노체트 체포와, 스페인에서의 재판 가능성에 관한 기자들 질문에 다음과 같이 답변했습니다.

"도덕적 관점에서, 피노체트의 체포와 처벌은 정의로운 행동입니다."

"법적인 관점에서, 이 과정에는 문제가 많습니다."

"정치적 관점에서, 나는 칠레에서 정치적 사태가 전개되는 것을 볼 때, 이러한 사태는 그 나라에서 복잡한 상황을 야기할 것이라고 생각합니다."

나는 한마디 덧붙였습니다.

"피노체트의 행동은 단독범행이 아니었습니다. 미국 대통령, 미국 정부, 미국 정부의 최고위직들이 아옌데가 선출되던 바로 그 날, 아옌데를 전복할 결정을 내렸습니다. 그들은 이 목표를 위해 엄청난 자금을 책정하면서 첫째, 아옌데의 집권을 방해하고, 둘째, 아옌데의 집권기를 통틀어 그를 전복시키기 위해서 가능한 모든 수단을 사용하라는 지침을 내렸던 것입니다."

나는 피노체트가 어디까지나 칠레에서 재판과 판결을 받아야 한다는 입장입니다.

나는 절대적 면책특권을 가지고 국민에게 자행했던 엄청난 범죄행위를 목격했던 사람들의 감정을 충분히 이해합니다. 그러한 행태는 라틴아메리카 정치사에서는 흔한 일이었습니다. 쿠바국민도 수차례 그러한 고통을 당했습니다. 하지만 혁명 승리와 더불어 국민들에게 약속했던 그대로, 수만 명의 쿠바인에게 고문과 학살을 자행한 후 미국에서 피난처를 제공받았던 자들을 제외하고 나머지 전범들은 재판과 판결을 받았습니다. 부당하게 횡령한 재산은 몰수되었습니다. 정의가 그렇게 철저하고 질서정연하게 적용된 것은 라틴아메리카 역사상 전례가 없었던 일이었습니다.

미국정부가 칠레에서 쿠데타를 조장했을 뿐만 아니라 아르헨티나와 우루과이에서 군부정권을, 과테말라에서 반(反)혁명을, 니카라과에서 추한 전쟁을, 엘살바도르에서 유혈진압을 획책하고 지원했음은 주지의 사실입니다. 미국은 그 모든 정권들에게 무기와 돈을 지원하고, 정보수집과 테러확산 분야에 최고기술을 가진, (미국 영토 안에서) 훈련된 수천 명의 고문기술자들을 제공했습니다. 히틀러의 게슈타

포도 그처럼 잔인하지는 않았습니다. 이러한 정권 하에서 15만 명 이상이 실종되고, 수십만 명이 목숨을 잃었습니다. 이러한 사실은 기밀보호에서 해제된 공식문서를 통해서 입증되고 공개되었습니다. 그러한 정치적 범죄를 저지른 미국 관리 가운데 왜 단 한 명도 피노체트 재판에 포함되지 않는 지에 대해 질문하는 것은 너무나 정당합니다.

유엔 총회 감독 하에, 완전히 독립된 사법기구에서, 엄격하고 정확한 법률을 통해, 대량학살과 전범에 대한 세계의 법적질서가 규정되어야만 합니다. 단 5개국에만 예외적 특권을 인정하는 안전보장이사회 하에서 그것이 규정되어서는 안 됩니다. 거부권이 유효한 안전보장이사회에서는 초강대국(미국—옮긴이)이 나머지 상임이사국을 모두 합친 것보다 더 자주 거부권을 행사해 왔습니다.

쿠바는 음식·약품 봉쇄와 같은 심각한 범죄와 대량학살 행위뿐만 아니라, 42년 이상 지속되어 온 경제전쟁의 목표가 되어 왔습니다. 미국과 쿠바가 함께 인준한 1948년 및 1949년 협정에서도 명시되었듯이, 그러한 행위는 대량학살로 규정되고, 심지어 전쟁 중이더라도 처벌받아야 마땅할 죄목들입니다. 더군다나 이러한 협정은, 권한 있는 국제재판소가 없을 때, 범죄혐의가 있는 국가를 재판할 권리를 피해국가의 법정에 보장하고 있습니다.

피노체트 사건은 하나의 범례가 되어야 합니다. 그렇지

만, 세계 대다수 국가이자 군사적 약소국가인 저발전국가들로 하여금, 이 초강대국과 나토동맹국이 여타 다른 국가의 판결관이 되는 특권을 허용하는, 자해적인 모험을 하도록 유도해서는 안 됩니다. 오히려 그 사건은, 유엔이 전쟁범죄와 대량학살 행위에 반대하는 세계 모든 국민을 위해 정의와 보호를 보장할 수 있는 적절한 조치를 요구하는 방향으로 나아가야 합니다. 쿠바는 이러한 이니셔티브를 지지하는 첫 번째 국가가 될 것입니다.

따라서 나는 가르송 판사가 비록 마이애미의 반(反)카스트로 마피아가 제출한 사건 파일을 심도 있게 검토하느라 수고하지는 않았지만, 리스틴 디아리오 기자에게 말한 현명한 답변에 대해 감사드립니다.

나는 가르송 판사가 쿠바국민을 잘 모르며, 용감한 수십만 명의 스페인 군인에 항거해 쿠바인들이 행한 투쟁의 역사를 연구하지 않았을 것이 분명하기 때문에, 그를 용서할 것입니다. 무기와 병사 수에서 엄청나게 차이가 남에도 불구하고, 쿠바 애국자들은 결코 위험으로부터 도망치지 않았습니다.

기회주의적인 개입 이후, 비록 쿠바가 식민지 세력에 의해 미국에 양도되고, 초창기의 제국이 개입할 권리를 부여하는 헌법개정을 우리에게 강요했지만, 쿠바인은 이제 침공, 적대감, 코앞에 있는 현 거대세력의 증오심에 항거하여 스스로의 독립을 방어할 수 있는 자유로운 국민입니다.

인간의 운명을 가진 어떠한 집단도 자신이 신(神)보다 더 무서운 존재라고 생각해서는 안 됩니다.

나는 항상 평화 속에서 살아 왔고, 또 여생을 계속 평화롭게 살 것입니다. 왜냐하면 나는, 어떻게 하면 우리 국민의 권리와, 작고 가난하고 약한 국가들의 명예를 지켜낼 수 있는지 잘 알고 있으며, 항상 심오한 정의감으로부터 많은 영감을 받아 왔기 때문입니다. 나는 혁명가이고, 또 혁명가로 죽을 것입니다. 만약 스페인이나 다른 나토동맹국의 판사 혹은 정부가 자의적으로 국경을 초월한 권력을 사용하고, 신성한 권리를 위반하면서까지 나를 체포하려 든다면, 그러한 시도가 어디서 이루어지든, 그들은 먼저 전쟁이 일어날 것임을 알아야만 할 것입니다. 왜냐하면 나는 모든 민족의 명예와 존엄성이 국경을 초월한다고 믿기 때문입니다.

# 12

# 세계화와
# 라틴아메리카에
## 대하여

아바나

2001년 5월 1일

두세 개의 디즈니랜드가 중남미에 건설될 수 있다면,
이 얼마나 멋진 일이겠습니까?

# 세계화와
# 라틴아메리카에 대하여

아바나, 2001년 5월 1일

　쿠바는 대량학살에 가까운 잔인한 봉쇄에 42년간 저항한 후, 재생된 에너지와 더 강화된 힘을 가지고 새로운 밀레니엄으로 들어섰습니다. 새로운 투쟁의 시대는 1959년에 시작되었습니다. 신식민지 상태에서 해방되고, 매카시즘적인 선전과 거짓의 집중포화를 맞으며, 정치적 문맹에 가깝던 낮은 교육수준의 쿠바국민은 거대한 역사적 도약을 했습니다. 쿠바는 문맹을 퇴치하고, 오랜 역사 속의 적대국보다 훨씬 높은 정치의식을 겸비한 수십만 명의 전문가를 배출시켰습니다.

　이제 우리 국민은 폭넓은 정치적 경험과 도덕적, 애국적, 국제적 힘을 보유하면서, 최고 수준의 단합을 성취했습니다.

우리 국민은 피그만 침공사태, 미사일 위기사태, 추한 전쟁, 다른 무엇보다도 잔인한 경제봉쇄, 소연방 및 사회주의 블록의 붕괴, (쿠바의—옮긴이)필연적 붕괴 전망 등을 의연하게 극복해 왔습니다.

오늘날 우리는 세계를 억누르는 심각한 정치 · 경제 · 사회 문제들에 대해서는 아무런 대응책도 갖지 못한 채, 윤리와 사상을 제외한 모든 분야에서 막강한 적을 대면하고 있습니다.

국제적으로 이처럼 극심한 혼돈, 불만, 불안정은 역사상 전례가 없었습니다. 심각한 정치 경제 위기 시에 제국주의는 자신의 그림자로부터 벗어날 수가 없습니다. 제국주의는 심지어 자신의 동맹세력 내에서도 대대적인 불만과 항거를 조장하여, 여타 세계를 더욱 가혹하게 약탈할 운명에 처해 있습니다.

1776년 영국통치로부터 독립을 선언한 동부 13개 주의 영국식민지는 남서지역을 향한 팽창 정책을 계속 추진하였습니다. 라틴아메리카와 카리브 지역의 원주민과 국민들은 거의 2백 년에 걸쳐 이러한 미국정책의 희생제물이 되어 왔습니다. 식민지 상태의 13개 주는 서부로 진격하는 과정에서 실제로 무수한 인디언 원주민을 학살했습니다. 이후 1835년에 그들은 미국 이주민들 다수가 이미 점거하고 있던 텍사스의 독립을 추진했습니다. 1847년에는 잔인무도한 전쟁을 개시하면서 멕시코를 침략했습니다. 그 결과 1848년 2월에 그들은 멕시코 영토의 55퍼센트를 차지하게 되었습니다. 그리고 나서도 그들은 원주민을 소탕하거나, 수백 년 동안 살아오던 땅에서 추방하고, 또 텍사스에서처럼 이전 유럽 식민지들을 합병하거나, 멕시코에서처럼 정복함으로써 그러한 만행을 계속했습니다. 19세기 후반에 유럽인의 대규모 이민을 통해 성장한 미국은 번영하는 강력한 국가가 되었습니다. 1810년 베네수엘라가 개시한 독립투쟁 이후 스페인 식민지 지배를 벗어나게 된, (남아메리카 남단) 파타고니아에서부터 캐나다 국경에 이르는 (라틴아메리카) 국가들은 분열되고 고립되었습니다.

1898년 6월 20일 미국은 우리 조국이 오랜 투쟁 끝에 파산지경에 이르게 한 스페인으로부터 막 독립을 쟁취할 무렵 군사개입을 시작했습니다. 우리 조국은 약 4년간 미군점령지 상태로 있었습니다.

미군은 1902년, 쿠바의 천연자원, 토지, 서비스를 장악하여 미국 통제 하에 두는 신식민지를 만들어 놓은 다음에야 쿠바섬을 떠났습니다. 그렇게 하는 데에는 미국이 쿠바에 대하여 법적으로 군사개입을 할 수 있도록 허용하는 강요된 쿠바 헌법의 수정조항이 필요했습니다.[20] 마르티당은 붕괴되었습니다. 30년간 투쟁해 왔던 해방군은 무장 해제되어 미국에 의해 미국식으로 조직되고 훈련되는 군대로 대체되었습

217

니다. 부당하게 개입할 수 있는 자의적인 권리는, 여러 명목
으로 수차례나 사용될 수 있었습니다.

해방투쟁에서 쿠바의 자매국인 푸에르토리코는 쿠바와
더불어 '한 마리 새의 양 날개'를 이루었지만, 미국 식민지로
전락하여 오늘날까지 불행한 상태를 벗어나지 못하고 있습
니다. 아이티, 도미니카공화국, 과테말라, 니카라과, 그 밖의
중미국가들, 그리고 심지어 멕시코까지 수차례나 반복해서
미국에 의한 직·간접 군사개입의 희생양이 되어 왔습니다.
미국은 전략적 운하 접근을 보장받고, 운하건설을 완수하기
위해서 거의 1세기 동안이나 파나마 지협을 점령하였습니다.
미국은 그 밖의 남아메리카 국가에도 대규모 투자, 쿠테타,
군부정권을 통하여 광범위하게 침투하였으며, 정치적, 이데
올로기적, 문화적 개입을 증대시켰습니다. 2차 세계대전 이
후 미국은 이러한 모든 국가를 마음대로 다스려 왔습니다.

미국의 팽창주의와 라틴아메리카에 대한 정치·경제적
장악에 대해서 처음으로 제동이 걸린 것은 1959년 1월 1일
혁명이 승리한 쿠바에서였습니다. 이 사건은 이 대륙의 역사
상 새로운 단계가 시작됨을 예고하는 것이었습니다.

최근까지 계승된 미국 정부들이, 이 대륙에서 수행한 모
든 일들은, 쿠바혁명이라는 골치 아픈 사태에 대한 과민반응
과 두려움에 의해 크게 영향을 받았던 것입니다. 즉, 피그만
침공사건과 진보를 위한 동맹(Alliance for Progress)[21]에서부

터 (2001년 반기업 시위 동안) 퀘벡시의 벙커에서 부시가 했던 발언(여기서 부시는 마르티의 자유사상을 잘못 인용하면서 호세 마르티의 이름을 거론했다)에 이르기까지. 혁명의 승리가 그들을 괴롭혔다면, 40년이 넘는 혁명의 위대한 저항은 시시때때로 그들을 미치게 만들었던 듯이 보입니다.

멕시코를 제외한 라틴아메리카 모든 국가는 역사에 길이 남을 증오심을 가지고, 쿠바의 고립과 봉쇄에 가담했습니다. 미주기구(OAS)는 너무나 심각하게 와해되어 회복불능상태가 되어 버렸습니다. 오늘날 라틴아메리카 국가들의 미국 합병이 대대적으로 계획되고 있는 시점에서, 어느 누구도 도덕적으로 파산한 그 기구 유지와 이를 위한 자금지출을 설명하지 못 합니다. 그 당시 미주기구가 미국의 손발이 되어 했던 역할은, 미국이 오늘날 미주자유무역지역(FTAA)이 실행하기를 바라는 역할과 같습니다. 단지 쿠바를 고립시킬 뿐만 아니라 주권을 소멸시키고 통합을 방해하고 자원을 삼켜 버리려고 하면서, 영어권을 제외하면 다 합쳐야 5천만 정도인 라틴계 언어, 문화, 역사를 공유하는 민족 집단의 운명을 좌절시키려 하는 것입니다.

미주기구가 당시 라틴아메리카 국가로 하여금 약간의 다른 혜택과 함께 미국시장에서 7백만 톤의 쿠바 설탕쿼터를 차지하기 위해 쿠바를 배신하게 함으로써 자신의 영혼을 악령에게 팔았다면, 제네바 (인권위원회)투표에서 미국편을 들었던 부르주아 정부와 독재 정부들에게 오늘날 무엇을 기대할 수 있겠습니까? 그들은 기회주의자 아니면 겁쟁이로서, 극우 미국정부에게 대량학살용 봉쇄를 유지하는 데 필요한 구실과 정당화, 심지어 쿠바국민을 공격하기 위한 변명거리마저, 은쟁반에 담아서 시중들듯이 제공했던 것입니다.

불행한 운명의 합병론 흐름에 편승하여 엄청난 변제불능 외채와 전적인 경제종속이 야기한 절망적 상태는 당연히 미주자유무역지역(FTAA)의 종말을 가져올 것입니다. 미국의 관세장벽 철폐 요구에 응하고, 전적으로 기초상품 수출에만 의존하면서, 마치 자신들이 여전히 과거 속에 살고 있는 듯 착각하는 일부 라틴아메리카 정치가들의 귀에 자유무역론은 감미로운 음악처럼 들릴 것입니다. 그들은 세계가 변했고, 섬유, 고무나 다른 원자재 상품들 다수가 화학제품으로 대체되었다는 사실을 깨닫지 못하고 있습니다. 예를 들어, 설탕 같은 식품은 많은 사람들이 선호하는, 높은 당분과 낮은 칼로리의 옥수수시럽이나 아열대과일향의 바닐라나 딸기 등과 같은 인공향료로 대체되었습니다. 그들의 의식구조는 반세기 전의 욕망 위에서 냉동되어 버렸습니다. 신자유주의 독약과 거짓이 그들의 눈을 멀게 했고, 대다수 국민은 무능력 상태에 빠져 있습니다. 그들은 자신들이 당하고 있는 문제의 근본을 이해하지 못합니다. 왜냐하면 그들에게는 아무 것도 설명되지 않고, 많은 정보가 은폐되고 있기 때문입니다.

라틴아메리카에서 가장 중요한 두 정부, 볼리바르의 베네수엘라와 브라질 정부는 이 대륙 가운데 가장 크고 인구도 가장 많습니다. 이 두 정부는 이러한 현실을 이해하고, 저항을 주도하고 있습니다.

미국이 쿠바에 강요하는 관점, 시간표, 전략, 목표, 절차 하의 이른바 미주자유무역지역이 필연적으로 라틴아메리카의 미국 합병을 초래할 것임은 분명합니다. 이런 식의 합병은 산업 기술 금융 대국과 처참한 빈곤과 저발전을 겪고 있는 국가들 사이의 관계에 다름 아닙니다. 이 국가들은 국제통화기금, 세계은행, 미주개발은행 등을 장악하고 주도하며 결정을 내리는, 미국 후원 하에 있는 기구에 대한 금융 종속으로부터 더 큰 고통을 당합니다. 그러한 관계는 단지, 미국에 의한 라틴아메리카와 카리브 국가들의 완전한 경제적 합병에서나 찾아볼 수 있는 엄청난 불평등을 강요합니다.

모든 은행, 보험회사, 통신사, 운송회사, 항공사 등이 미국 소유가 될 것입니다. 대형마트 체인점에서 피자점과 맥도날드에 이르기까지 모든 기업이 미국회사의 손아귀에 들어갈 것입니다. 화학 산업, 자동차, 기계설비 산업 등도 미국 소유가 될 것입니다. 미국의 초국적 기업들이 주요 연구 즉, 생명·유전 공학센터와 대규모 제약회사를 소유하게 될 것입니다. 특허와 기술은 거의 예외 없이 미국 소유가 될 것입니다. 라틴아메리카 최고의 과학자들이 미국 연구소에서 일

할 것입니다. 대규모 호텔 체인도 미국 소유가 될 것입니다.

　미국이 이른바 연예 산업도 완전히 독점할 것입니다. 헐리우드는 거의 독점적 공급자로서 라틴아메리카의 영화관, 텔레비전 네트워크, 비디오 시장에서 유통되는 영화와 텔레비전 시리즈를 제작하고 있습니다. 이러한 상품 소비가 이미 80퍼센트에 가까운 우리나라에서도, 가치관과 민족문화를 저해하는 이러한 상품의 독점적 지위는 더 강화될 것입니다. 두세 개의 디즈니랜드가 중남미에 건설될 수 있다면, 이 얼마나 멋진 일이겠습니까? 라틴아메리카 국가들은 기본적으로 천연자원 공급자, 1차 상품 생산자, 초국적 대자본의 이윤 제공자로서 계속 봉사할 것입니다. 미국의 농업부문은 대규모 기계설비 사용과 풍부한 옥토화로 1인당 및 1헥타르당 생산성이 아주 높음에도 불구하고 이미 800억 달러의 보조금을 받았고, 또 앞으로도 계속 받을 것입니다. 미국 농업부문은 인류 건강에 미칠 영향 같은 것에는 아무 관심도 없이, 엄청난 생산성을 갖는 유전자 변형 곡물을 생산할 것입니다.

　결과적으로 옥수수, 밀, 쌀, 콩 등의 농산물은 식량안보를 완전히 상실하게 될 많은 라틴아메리카 국가에서 사실상 사라지게 될 것입니다.

　심각한 가뭄이나 다른 자연재해가 세계 전 지역 농산물의 생산에 영향을 미치게 되면, 충분한 경화보유고를 가진 중국이나, 보유고는 적지만 다른 금융자산을 가진 인도는 수천만 톤의 곡물을 구매하지 않을 수 없을 것입니다. 만약 이러한 사태가 발생하고, 또 그 국가들의 곡물생산이 미주자유무역지역에 의해 싹쓸이되면, 농산물 가격은 많은 라틴아메리카 국가들에게는 아주 부담스러운 수준이 될 것입니다. 미국이 아무리 많은 농산물을 생산하더라도 그것은 현재 61억이 넘는 세계인구가 필요로 하는 식량의 일부만을 생산할 수 있을 뿐입니다. 라틴아메리카에서 식량생산이 감소한다면 그것은 라틴아메리카 국가뿐만 아니라 나머지 전 세계에도 영향을 미칠 것입니다.

심지어 더 심각해질 상황 하에서, 라틴아메리카는 계속 천연자원과 값싼 노동력 공급자라는 슬픈 역할을 할 것입니다. 미국 임금은 초국적기업이 라틴아메리카 전역에 설립한 공장에서 지불하는 것보다 15배 혹은 20배나 높습니다. 게다가 자동화 확대와 생산성 증대로 이러한 기업들이 고용하는 인원은 더욱 줄어듭니다. 많은 일자리가 창출될 것이라는 말은 환상입니다. 많은 노동자에게 일자리를 제공하는 경향이 있는 농업부문은 앞에서 언급한 이러한 요인들에 의해 영향을 받게 될 것입니다. 그 결과 실업이 엄청나게 늘어날 것입니다. 독일 등 유럽 국가에서는 산업과 서비스 수가 엄청남에도 불구하고 실업률은 10퍼센트에 육박합니다.

라틴아메리카 국가들은 세금이 낮거나 아예 면제되는 대규모 자유무역지역이 되지 않을 수 없을 것입니다. 이 나라들은 서로 외국투자를 유치하려는 과열경쟁에 이미 돌입했습니다. 미국인 소유 호텔에 숙박하고, 미국인 소유 비행기와 크루즈를 타고, 미국인 소유 통신서비스를 사용하고, 미국인 소유 식당에서 식사를 하고, 미국인 소유 상점(여기서는 라틴아메리카의 석유와 천연자원을 가지고 미국인 소유 기업이 생산한 상품들이 판매될 것입니다)에서 쇼핑하면서 중남미 전역을 여행하는 미국 관광객들이 아마도 그 국가들을 방문할 것입니다. 라틴아메리카는 만약 관세보호조치가 적용되지 않는다면, 석유, 구리, 보크사이트(철반석), 구제병[口蹄病, 소·돼지·양 따위의 유제(有蹄) 동물이 걸리는 발열성급성 접촉성 전염병. 입 안이나 발굽 또는 젖꼭지 따위에 작은 물집 모양의 발진이 생기는 것이 특징—옮긴이]에 걸리지 않은 육류, 바나나, 여타 과일, 또 아마도 약간의 수공예품을 수출할 것입니다.

그렇다면 무엇이 남습니까? 미국인 소유 기업에서 최저임금을 받는 가장 힘든 일자리나 미국 관료, 기업 간부, 최고 전문가들 집의 하인으로 고용되는 정도일 것입니다. 지역 부르주아에게는 무엇이 남습니까? 특권적 부르주아와 노동귀족 소수만이 무엇이라도 얻기 위해 버틸 것입니다. 대다수 노동자들은 어떠한 형태의 실업수당도 없는 상태에서, 실업률이 15~20퍼센트에 달하는 현 아르헨티나에서처럼 일시 해고상태에 처할 것입니다.

수백억 달러의 외국자본이 투자되고, 거의 모든 국영기

업이 민영화되거나 외국기업에 매각되고, 많은 차관을 통해 엄청난 외채가 도입됨에도 불구하고, 이러한 것들이 신자유주의의 열매인 것입니다. 미주자유무역지역은 신자유주의 강화, 국영산업과 국영기업의 보호 완화, 실업 증대 및 사회 문제 악화를 의미하게 될 것입니다.

국가의 통화가치는 분명 상실될 것입니다. 그 어느 통화도 존속하기 힘들며, 미국 달러로 대체될 것입니다. 심지어 '미주자유무역지역' 없이도 (자국 경제의 '달러화'에 대한) 에콰도르 결정의 수순을 밟아가는 많은 국가들에서 이미 이러한 경향은 더욱 높아지고 있습니다. 미국연방준비은행이 이들 각 국가의 통화정책을 지시할 것입니다. 초국적 대자본에게만 이익이 되는 미주자유무역지역은 일시해고를 당하게 될 미국 노동자들에게도 크게 도움이 되지 못합니다. 바로 이것이, 그들의 대표자들이 세계무역기구에 반대했던 시애틀에서처럼, 퀘벡에서도 강력하게 시위를 했던 이유입니다.

만약 쿠바가 자율적인 통화정책을 갖지 못했다면 1994년과 1999년 사이에 발생한 페소 가치 7배의 통화절상을 할 수 없었을 것이고, 결코 '특별시기'를 견디어 낼 수도 없었을 것입니다.

거기에는 두 가지 결정적인 요인이 효력을 발휘했습니다. 국제통화기금 회원이 아니라는 사실과 자율적인 통화정책이 바로 그것입니다. 내가 미주자유무역지역에 대해 말했던 모든 사태가 발생할 경우, 독립에 대해 얘기하는 것은 불가능할 것이고, 합병이 현실화되기 시작할 것입니다. 이 말은 절대 과장이 아닙니다.

모든 것 중에서도 최악의, 가장 서글프고, 가장 후안무치하며, 가장 위선적인 사실은 라틴아메리카 정부들이 자국민들과 상의도 없이 이러한 조치를 취하려 한다는 것입니다. 이런 현실이 제국세력과 그 종복들로부터 기대할 수 있는 민주주의의 전부입니다.

나는 라틴아메리카와 카리브 국가들이 퇴폐적인 제국에 의해 삼켜질 수 있다고 확신합니다. 하지만 그 국가들을 (삼킬 수는 있지만-옮긴이) 결코 소화하지는 못할 것입니다. 이 국민들은 더 위대하고 더 존엄한 운명을 찾아서 하나로 뭉치고 단결할 것이 틀림없기 때문입니다. 이 대륙 국가들은 잿더미에서 일어나서 통합될 것이 분명하기 때문입니다. 그렇지만 수억의 카리브 및 라틴아메리카 국민들이 우리의 해방투쟁에서 반복되는 이런 어려운 단계를 피할 수만 있다면, 그 편이 훨씬 나을 것입니다.

우리는 합병을 저지해야 하고, 이 순간 이후부터 어떤 정부라도 국민의 등 뒤에서 국가를 매각하는 일이 결코 용납되어서는 안 됩니다! 국민총투표 없이는 절대로 합병은 있을 수 없습니다! 우리는 미주자유무역지역이 초래할 위험에 대해 각성해야 합니다.

우리는 볼리바르의 존엄과 꿈을, 산마르틴(San Martin), 오히긴스(O'Higgins), 수크레, 모라산(Morazan), 이달고 (Hidalgo), 모렐로스(Morelos), 후아레스(Juarez), 마르티의 존엄과 꿈을 부활시켜야 합니다.

누구든지, 이 민족들이 아무 일도 하지 않고, 경매에 붙여진 노예처럼 팔리는 것을 그저 바라만 보면서 주저앉아 있을 것이라고 생각하는 우를 범하지 않도록 합시다!

오늘, 우리는 첫 번째 투쟁을 시작할 것입니다. 우리는 곧 쿠바인 수십만 명과 함께 (아바나 주재) 미국 공관 지역으로 라틴아메리카인의 항의시위를 시작할 것입니다. 슬로건은, 합병은 노우, 국민총선거는 예스입니다! 합병은 노우, 국민총선거는 예스! 슬로건을 더욱더 크고 분명하게 외칩시다. 그래서 저 멀리 워싱턴에서도 그 함성이 들리도록 합시다!

오늘, 라틴아메리카, 카리브, 미국, 캐나다, 유럽, 아시아, 아프리카의 수백 명의 노동계 지도자과 대표들이 모인 가운데, 우리는 외칠 것입니다.

"라틴아메리카와 카리브의 독립이 아니면 죽음을 달라!"

# 13

## 인종차별에 반대하며

인종주의, 인종차별, 외국인혐오증,
모든 비(非)관용을 반대하는 세계회의

남아프리카공화국, 더반, 2001년 9월 1일

쿠바는 배상을 주장합니다.

그리고 쿠바는 역사상 주요 선례에 근거하여,

인종차별주의의 희생자들에 대한 피할 수 없는 도덕적

의무로서 이 신념을 지지합니다. 그 선례란 바로

유럽 중심부에서 잔인한 인종차별적 대학살을 겪은

유태민족 후손들에게 지급된 배상입니다.

# 인종차별에 반대하며

인종주의, 인종차별, 외국인혐오증, 모든 비(非)관용을 반대하는
세계회의, 남아프리카공화국, 더반, 2001년 9월 1일

　　인종주의, 인종차별, 외국인혐오증은 인간의 자연적이
고 본능적인 반응이라기보다는 전쟁, 군사 정복, 노예제, 인
류사회 역사를 통틀어 존재해 왔던, 최약자에 대한 최강자
의 개인적 혹은 집단적 착취로부터 생겨난 사회적 · 문화
적 · 정치적 현상입니다.

　　참을 수 없는 고통과 엄청난 불의로 괴로움을 당하고 있
는 절대 다수의 인류에게 위안을 선사하려는 이 회의를 보
이콧할 수 있는 권리는 아무에게도 없습니다. 그 누구에게
도 이 회의에 대한 선결조건을 요구하거나, 역사적 책임, 정
당한 보상, 혹은 지금 바로 이 순간에도 우리의 팔레스타인
형제자매들에게 자행되고 있는 잔인한 인종학살을 평가하

기 위한 토론을 금지할 수 있는 권리는 없습니다. 이 인종학살은 패권적인 초강대국과의 동맹 하에, 거의 2천 년 동안 전례가 없었던 잔인무도한 처형, 차별, 불의의 희생자가 되어 왔던 민족을 위한다는 명분 하에, 위선적으로 행동하는 것처럼 보이는 (이스라엘) 극우지도자들에 의해 영속화되고 있습니다.

쿠바는 배상을 주장하는 바입니다. 그리고 쿠바는 역사상 주요 선례에 근거하여, 인종차별주의의 희생자들에 대한 피할 수 없는 도덕적 의무로서 이 신념을 지지합니다. 그 선례란 바로 유럽 중심부에서 잔인한 인종차별적 대학살을 겪은 유태민족 후손들에게 지급된 배상입니다. 하지만 우리는 지난 수백 년 동안 발생한 희생자들의 직계후손을 찾는다거나 하는 불가능한 과제를 떠맡으려고 이런 주장을 펴는 것은 아닙니다. 유럽이 아프리카를 정복하고, 식민지로 삼은 결과 그 대륙에서는 7천만 명의 원주민이 사라지고, 수천만 명이 포획되어 대서양을 건너 상품처럼 매매되어, 노예 신분으로 노동을 하게 되었다는 사실은 부인할 수 없습니다.

아시아를 포함한 3개 대륙에 강요된 비인간적 착취는 오늘날 제3세계에 살고 있는 45억이 넘는 사람들의 운명과 삶을 극적으로 결정지었습니다. 그 사람들은 높은 영아사망률과 짧은 수명, 그리고 실제로 여기서 일일이 열거하기조차 불가능한, 두렵고 비참한 질병뿐만 아니라 처참한 가난과 실업, 문맹과 열악한 보건상태 등을 겪고 있습니다. 그들은 수백 년 동안 지속되어 온 잔악행위의 희생자이고, 또한 그들의 조상과 민족이 겪었고, 지금도 계속되고 있는 처참한 범죄행위에 대해 배상을 받기에 충분한 사람들입니다.

그러한 잔인한 착취는 많은 국가가 독립을 이루었을 때에도, 심지어 노예제가 공식적으로 폐지된 이후에도 끝나지 않았습니다. 18세기 말, 미국 동부 13개 식민지 주들이 영국 지배로부터 벗어나 독립한 직후, 미국연방(American Union)주의의 핵심 이데올로기 주창자들은 그 속성이 분명하게 팽창주의적인 사상과 전략을 추구해 나갔습니다.

유럽인 후손 백인정착민들이 서부로 진격해 나가는 과정에서 북미 원주민 수백만 명을 학살하고, 그들이 수천 년 동안 살아온 땅을 강제로 점령했던 것도 바로 그러한 사상에 기초한 것이었습니다. 그들은 이전 식민지 소유의 국경에서 멈추지 않았으며, 결과적으로 1821년에 독립을 쟁취한 멕시코에서 수백만 평방미터의 영토와 귀중한 자원을 약탈했습니다. 그러는 한편으로, 점점 더 강력하고 팽창주의적이 되어 가던 미국 안에서, 악명 높고 비인간적인 노예제는, 모든 인간이 자유롭고 평등하게 탄생했다고 선포한 선언에 다름 아닌 저 유명한 1776년 독립선언 이후에도 거의 1세기 동안이나 더 지속되었습니다.

선언에 그친 공식적인 노예해방 이후 아프리카계 미국

인들은 100년이나 더 잔인무도한 인종차별에 시달렸습니다. 그러한 차별의 특징과 결과 가운데 많은 잔재가 아직도 남아 있습니다. 마틴 루터 킹과 말콤 엑스 등 위대한 투쟁가들이 목숨을 바쳐 성과를 이룬 1960년대와 1970년대로부터 40여년이나 지난 지금에도 말입니다. 순전히 인종차별적 기준 위에서, 가장 길고 가장 가혹한 법정구형이, 부유한 미국 사회 안에서도 처참한 빈곤과 열악한 생활환경에서 살 수밖에 없는 아프리카계 미국인들에게 선고되고 있습니다.

이와 마찬가지로, 처음부터 미국 땅에 살고 있었던 많은 원주민 후손들은 더 가혹한 차별과 소외를 당하고 있습니다.

아프리카의 사회·경제 상황에 관한 통계자료에 의하면, 사하라사막 이남 아프리카의 모든 국가와 지역에서 경제적 낙후, 처참한 빈곤, 심각한 역병이 되어 버린 각종 질병들이 복합적으로 상호 영향을 미쳐, 완전한 전멸 위험에 처해 있음을 알 수 있습니다. 그러한 상황은 수많은 아시아 국가에서도 마찬가지입니다. 이 모든 것 가운데 가장 정점에, 변제 불가능한 엄청난 외채, 이질적인 무역조건, 비정상적인 기초상품 가격, 인구폭발, 신자유주의 세계화, 심각한 홍수와 가뭄이 번갈아 닥치게 만드는 기후변화 등이 존재합니다. 그러한 상황은 불가항력적입니다.

선진국과 그 나라들의 소비적인 사회 형태는, 현재 날로 심해지고 있고, 중단 불가능한 환경파괴에 책임이 있습니

다. 그 나라들은 식민지 정복과 노예제, 잔인한 착취, 오늘
날 제3세계 지역들에서 발생한 수많은 인명 학살에서 많은
이득을 챙겨 왔습니다. 그 나라들은 세계시장의 신분할을
위해 일으킨 두 차례의 잔인한 전쟁 이후 전 인류에게 강요
된 경제 질서로부터 혜택을 받아 왔습니다. 그 나라들은 브
레튼 우즈에서 미국과 그 동맹국들에게만 허용된 특권의 혜
택을 받아 왔습니다. 그 나라들은 오직 자신들만을 위하고,
자신들에 의해 만들어진 국제통화기금과 국제금융기구의
혜택을 받아 왔습니다.

부유하고 낭비적인 세상이 세계인류 모두를 위해 사용
되어야 할 기술·금융 자원을 독점하고 있습니다. 패권적
강대국들은 가난한 나라의 국민들뿐만 아니라 아프리카계
미국인들, 보호구역에 살고 있는 원주민들, 라틴아메리카와
카리브 지역에서 온 수천만 명의 이민자들에게 진 특별한
빚을 갚아야 합니다. 그들이 물라토(인디언과 흑인사이의 혼혈
족—옮긴이)이든, 황인종이든, 흑인이든 간에 사악한 차별과
조소의 전 희생자들에게 빚을 갚아야만 합니다.

지금이야말로 우리 대륙에서, 원주민 집단이 처한 극한
적 상황을 종식시켜야 할 적기입니다. 그들 자신의 자각과
투쟁, 자신들에게 자행된 잔인한 범죄행위에 대한 전 세계
적인 인정은 이러한 종식을 절박한 과제로 상정하고 있습
니다.

세계를 비극으로부터 구하기 위한 충분한 기금이 있습니다.

파멸과 죽음만을 가져오는 군비경쟁과 무기거래는 진정 종식되어야 합니다.

민족의 문화와 정체성을 파괴하는 독을 퍼트리면서, 허구적인 환상과 실현되기 힘든 소비관행을 만들어 내는 상업 광고에 해나나 1조 달러가 소비되고 있습니다. 이 금액 가운데 조금이라도 발전을 위해 사용되도록 합시다.

공식적인 개발원조기금으로 약속한 금액이 국민총생산의 0.7퍼센트밖에 안 되는 소박한 액수이기는 하지만 그것이라도 제대로 전달되도록 합시다.

매일 수조 원에 달하는 현재의 투기거래에, 합리적이고 효율적인 방식으로 세금을 부과하도록 합시다. 이것은 노벨상 수상자 제임스 토빈(James Tobin)이 제안한 것입니다. 그러면 매년 1조 원이 확보될 것입니다. 그 돈은 현재 미약하고, 부적절하고 때늦은 기부와 자선에만 의존하고 있는 유엔이 세계를 구하고 발전시키는 방법으로 사용할 수 있을 것입니다. 지구상에서 인류가 존속하는 것 그 자체가 심각하게 위협당하고 있는 작금의 문제들을 고려한다면, 이것은 너무 늦기 전에 긴급히 요청되는 조치입니다.

세계가 당황해서 바라만 보고 있는 동안 발생한 팔레스타인 민족에 자행되고 있는 인종학살을 종식시킵시다. 그

민족, 어린이, 청년들의 기본생존권은 보호되어야 합니다. 평화와 독립에 대한 그들의 권리는 존중되어야 합니다. 그렇게 될 때 (이 회의로부터 탄생할) 유엔 결의문은 두려워할 필요가 없을 것입니다.

아프리카와 다른 지역의 수많은 동지들이 이 회의에서 어떤 성과가 나올 수 있도록 지혜를 모아야 한다고 제안하였습니다. 그 나라들은 직면하고 있는 두려운 상황으로부터 해방되어야 하기 때문에 그러한 제안을 했음을 잘 알고 있습니다. 그들의 의견에 동감합니다. 나는 내 확신을 거부할 수 없으며, 진실을 얘기하는 데 솔직하면 솔직할수록 더 존경받고, 더 많은 관심을 받을 것이라고 생각합니다. 속임수의 세월은 그동안만으로도 충분합니다.

무시할 수 없는 현실에 근거한, 짧은 질문 세 가지만 제기하겠습니다. 오늘날 자본주의 선진 부국들은 자본주의 그 자체로부터 탄생한 제국주의 체제에 참가하고 있고, 또 이기적인 철학과 인간, 국가, 국가집단 간의 잔인한 경쟁에 기초하여 전세계에 강요되는 동시에 연대감이나 정직한 국제 협력 등에는 전적으로 무관심한 경제 질서에 참여하고 있습니다. 그들은 소비사회라는, 오도되고 무책임하며 환각적인 환경에 살고 있습니다. 가장 심각한 지도자들의 신념과 그러한 체제에 대한 그들의 맹목적인 성실성에 관계없이 묻고 싶습니다.

그 나라들은 일관되지 못한 불균등 발전 속에서 맹목적 법칙, 거대한 권력, 그리고 점점 더 커지고, 점점 더 통제하기 힘든 상태가 되어가는 독립적 초국적기업의 이익에 지배당하는 오늘날 세계의 심각한 문제를 제대로 이해할 수 있게 되겠습니까?

그들은 절박한 세계적 혼돈과 저항을 이해하게 되겠습니까?

인종주의, 인종차별, 외국인혐오증, 이와 관련된 모든 비(非)관용 등이 그들이 대변하는 주요 논지라는 사실을 고려하면, 비록 그들이 바란다고 할지라도 이를 종식시킬 수 있겠습니까?

제 소견으로는, 우리는 거대한 경제적, 사회적, 정치적 위기 직전에 있습니다. 이러한 현실에 대한 각성에 기초해서 대안을 만들어 나갑시다. 역사에서 진정한 해결책은 오직 심각한 위기로부터 탄생했습니다. 생존과 정의에 대한 인간의 권리는 수천 가지 다른 형태로 결연하게 주장될 것입니다.

나는 인류의 각성과 투쟁을 확신합니다! 나는 정의의 사상을 믿습니다! 나는 진실을 믿습니다! 나는 인간을 믿습니다!

# 14

미국의 '대테러전쟁'

아바나

2001년 9월 22일

지금 막 시작하려 하는 기이한 성전(?)에 참여하는
현실의 적들, 혹은 가상의 적들에 대해 생각해 볼 때,
나는 어느 쪽 광신주의가 더 강력한지
도저히 판단을 내릴 수가 없을 것 같습니다.

# 미국의 '대테러전쟁'

아바나, 2001년 9월 22일

오늘날 테러리즘이, 그 뿌리 깊은 기원과 경제적 · 정치적 발생 요인들, 또 생존과 관련된 원인이 있음에도 불구하고, 반드시 근절되어야 하는, 위험하고 윤리적으로 옹호될 수 없는 현상임을 부인하는 사람은 없을 것입니다.

미국민에게 닥친 인간적 · 정신적 피해, 무고한 수천 명의 시민이 예기치 못하게 죽은 충격—그 이미지가 세계를 뒤흔들었습니다—이 야기한 분노는 충분히 이해할 수 있고, 공감할 수 있습니다. 하지만 누가 이익을 보았습니까? 그들은 극우세력, 가장 퇴보한 우익세력들입니다. 그들은 세계에서 점점 고조되는 저항을 분쇄하고, 지구상에 아직 남아있는 모든 진보세력을 청산하고 싶어 합니다. 그러한 행동을 조직하거나 부추기는 세력은 그 누구든 간에 커다란 오류, 엄청난 불의, 가공할 범죄를 저지른 것입니다. 하지만 이 비극은, 정의의 이름으로, 특이하고 기이한 이름의 '무한한 정의(Infinite Justice)'─나중에는 '작전, 지속적 자유(Operation Enduring Freedom)'로 바뀌었다─라는 작전으로, 그만큼 무고한 사람들을 무자비하게 학살하게 될 전쟁의 빌미로 이용되어서는 안 됩니다.

지난 며칠 사이 우리는, 그러한 전쟁을 위한 전제, 구상, 진정한 목표, 정신, 조건들이 황급히 만들어지는 것을 목격하였습니다. 아무도 이것이, 단지 기회만 기다리면서 예전부터 구상해 오던 것이 아니라고는 못할 것입니다. 이른바 냉전종식 이후에도 군사력 증강과 인류의 살해와 말살을 위한 가장 고도의 수단을 계속 개발해 왔던 세력들은, 자신들의 대규모 군비투자가 세계 다른 민족에 대한 절대적이고 완벽한 지배 특권이 될 것임을 알고 있었습니다. 제국주의 체제의 이데올로기 주창자들은 자신들 행위의 성격과 이유를 물론 잘 알고 있었습니다.

미국민을 목표로 한 이번의 잔인하고 비정상적인 테러 공격에 대해 지구상 모든 민족이 충격을 받고, 진심으로 함께 아파했습니다. 하지만 이후, 가장 극단적인 이데올로기 주창자들과 (이미 특권을 차지하고 있던) 가장 호전적인 매파들은 무한한 군사적·기술적 역량을 갖춘 세계 최강대국의 권력을 장악했습니다. 이 국가의 파괴·살상 능력은 최고조에 달했습니다. 반면, 침착함, 차분함, 사려 깊음, 자제력은 최저선에 머물렀습니다. 비슷한 특권을 같이 즐기는 다른 부유한 강대국들까지 공모하여, 팽배한 기회주의, 혼돈, 공황상태 등의 요인이 복합적으로 작용하여, 이제는 예측할 수 없는 유혈적 결과를 피하는 것이 거의 불가능하게 되었습니다.

어떠한 군사적 행동이 취해지더라도, 그 첫 번째 희생자는 저발전된 가난한 나라에 살고 있는 수십억의 사람들일 것입니다. 그들은 믿기 힘든 경제·사회 문제를 안고 있습니다. 즉, 변제 불가능한 외채, 고가의 생필품, 증대되는 자연적·생태적 파국, 기아와 비참함, 그리고 아동, 10대, 성년에게까지 나타나는 광범위한 영양실조, 심각한 에이즈 유행, 말라리아, 민족의 전멸을 위협하는 결핵과 여타 전염병들이 그것입니다.

심각한 세계경제위기는 이미 경제 강대국들의 중심부에도 절대적 영향을 미치는 부인할 수 없는 사실이 되었고, 그 위기는 이러한 새로운 환경 하에서 필연적으로 더욱 심화될 것이며, 절대 다수 사람들에게 참을 수 없는 부담이 될 때 그 위기는 혼돈, 저항, 통치불능상태를 수반할 것입니다.

그 비용 또한 부국들에게 지불될 수 없는 선이 될 것입니다. 앞으로 수년 동안은 환경과 생태에 관해 거론하는 것도 불가능해질 것입니다. 자연보호 프로젝트나 그 연구결과를 거론하는 것도 불가능해질 것입니다. 왜냐하면 그런 주제들을 거론할 공간과 기회가, 아직 시작하지 않은 군사행동, 전쟁, 범죄행위, 이른바 '무한한 정의'에 모두 사용될 것이기 때문입니다.

36시간 전에 미국 대통령이 의회에서 행한 연설을 들으니, 도대체 무슨 희망이 남아있을지 의심스럽습니다. 나는 그 연설문 작성자를 향해 형용사나 수식어 또는 다른 도발적인 용어를 사용하지 않겠습니다. 그러한 용어는 전혀 불필요하고, 현 시기처럼 긴장되고 심각한 시기가 사려 깊음과 침착함을 권고하고 있는 때에 전혀 시의적절하지도 못합니다. 나는 모든 걸 말해 주는 짧은 몇 문장만 인용하겠습니다.

"우리는 필요하다면 모든 전쟁무기를 사용할 것이다."

"미국인들은 한차례의 전쟁만을 기대해서는 안 된다. 전례가 없는 장기전을 준비해야 할 것이다."

"전지역의 모든 국가는 이제 결정을 내려야 한다. 우리편 아니면 테러리스트 편 가운데 한쪽을 선택하라."

"나는 군에 경계경보를 발령시켰고, 거기에는 다 이유가 있다. 미국이 행동을 취하고, 당신들이 우리를 자랑스럽게 만들 시간이 다가오고 있다."

"이 전쟁은 세계의 전쟁이며, 문명의 전쟁이다."

"나는 장기전이 될 것에 대비해서 (…) 당신들의 인내를 요구한다."

"우리 시대의 위대한 업적과 모든 시기의 위대한 희망은 이제 우리 손에 달려있다."

"이 전쟁 과정은 알려져 있지 않지만, 그 결과는 분명하다 (…) 그리고 우리는 하나님이 중립이 아님을 알고 있다."

나는 쿠바 시민들 모두에게, 앞에서 언급된 문장들에 담긴 사상에 대해 깊이, 그리고 조용히 생각해 볼 것을 당부드립니다.

"당신들은 우리 편 아니면 테러리스트 편 가운데 한 편이다." 세계 어느 국가, 심지어 거대한 강대국들조차 이 딜레마로부터 벗어날 수 없었습니다. 누구도 전쟁이나 공격의

247

위협으로부터 빠져나가지 못했습니다.

"우리는 어떠한 무기라도 사용할 것이다." 그 무기의 윤리적 가치나 치명적인 위험 여부와는 관계없이 모든 사용가능성을 배제하지 않았습니다. 핵전쟁, 화학전, 생물학전에 관계없이 말입니다.

"이 전쟁은 단기전이 아니라 장기전이 될 것이다. 역사상 전례가 없이 오래 걸릴 것이다."

"이 전쟁은 세계의 전쟁이자 문명의 전쟁이다."

"우리시대의 업적과 전 시대의 희망은 이제 우리 손에 달려있다."

마지막으로, 거의 종말론적 모험의 시기처럼 전쟁 전야에 행해진, 이전의 정치적 연설에서는 결코 들을 수 없었던 고백, "이 전쟁의 과정은 알려져 있지 않지만, 그 결과는 분명하다 (…) 그리고 우리는 하나님이 중립이 아님을 알고 있다"는 이 말은 놀라운 주장입니다. 지금 막 시작하려 하는 기이한 성전(?)에 참여하는 현실의 적들, 혹은 가상의 적들에 대해 생각해 볼 때 나는 어느 쪽 광신주의가 더 강력한지도저히 판단을 내릴 수 없을 것 같습니다.

목요일에, 미국 의회에서는 국제법이나 국제기구와 관계없이 배타적인 힘의 법칙을 갖게 될 세계군사독재라는 이념이 개진되었습니다. 이번 위기에서 철저히 무시당한 유엔은 그 어떠한 권위나 특권도 갖지 못하게 될 것입니다. 오직 단 한 명의 보스, 한 명의 판사, 하나의 법만이 존재하게 될 것입니다.

우리 모두는 미국정부 아니면 테러리즘 둘 중 한편과 동맹관계를 맺으라는 명령을 받았습니다. 쿠바는 테러주의 행동으로부터 가장 심각하고 가장 오래 고통을 받아 온 국가라는 사실에 근거한 도덕적 권리 위에서 테러리즘과의 전쟁을 선포합니다. 쿠바국민을 협박할 수 있는 위협이나 권력은 이 세상에 존재할 수 없기 때문에 우리 국민이 두려워할 것은 아무것도 없습니다.

현재 가능성은 별로 없어 보이지만, 쿠바는 예측할 수 없이 참담한 결과를 가져올 전쟁을 피해야 할 필요성을 재차 강조합니다. 연설자 부시 대통령 자신이 인정했듯이 그 전쟁이 어떻게 될는지는 전혀 모릅니다. 쿠바는 테러리즘의 완전소멸을 위해 모든 국가들과 기꺼이 협력할 의사가 있음을 재차 밝힙니다.

미국의 우방국들은 객관적이고 냉정하게 미국에 조언해야 합니다. 저 멀고 고립되고 접근불가능한 오지에, 그 유령이 어디에 있는지, 심지어 과연 있기는 한지도 잘 모르면서, 또 미국이 죽이려는 민족이 미국에서 죽은 무고한 시민들의 죽음에 실제로 책임이 있는지도 잘 모르면서, 마치 유령과 싸우는 것처럼, 미국정부가 젊은 미국병사들을 내던져 버리지 못하도록 조언해야 합니다.

쿠바는 결코 미국민의 적으로 스스로를 천명하지 않을 것입니다. 미국민은 오늘날, 증오와 복수심을 유포하기 위해 고안된 전례 없는 (홍보)캠페인에 노출되어, 심지어 평화를 고무시키는 음악마저 금지시켰습니다. 이와는 달리 쿠바는 그 음악을 우리 자신의 것으로 만들 것입니다. 쿠바 어린이는 선포된 유혈 전쟁이 계속되는 한 평화를 위한 노래를 부를 것입니다.

무슨 일이 있어도 결코 쿠바 영토는 미국민을 향한 테러 행동을 위해서는 사용되지 않을 것입니다. 그리고 우리는 미국민을 향한 그러한 테러를 방지하기 위해 최선을 다할 것입니다. 오늘날 우리는 연대감을 표명하고, 또한 평화와 평온을 주장합니다. 언젠가 그들은 우리의 행동이 옳았다는 사실을 인정하게 될 것입니다.

만약 우리가 공격을 받으면, 우리는 독립과 원칙, 그리고 우리의 사회적 업적을 명예롭게 지키기 위해 최후의 피 한 방울까지 다하여 방어할 것입니다! 미국이 공격할 명분을 조작하는 것은 결코 쉽지 않을 것입니다. 이제 미국이 '필요한 모든 무기'를 사용할 전쟁에 관해 언급하고 있을 때, 우리는 그런 경험이 처음이 아니라는 사실을 적시에 기억할 수 있어 다행입니다. 약 40여 년 전에, 수백 가지 전략·전술 핵무기가 쿠바를 목표로 했지만, 우리 동포 가운데 어느 누구도 그에 대해 걱정하지 않았습니다.

우리는 그처럼 영웅적인 민족의 후손이며, 우리의 애국적 혁명의식은 그 어느 때보다 충만합니다. 지금은 침착과 용기가 소중한 시기입니다.

세계는 이러한 사실을 점점 더 잘 알게 될 것이고, 지금 막 겪기 시작한, 심각하고 위협적인 드라마에도 불구하고 그 목소리를 높여갈 것입니다.

쿠바국민에게 지금은 그 어느 때보다도 자긍심과 결연함을 가지고 우리의 의지를 선포해야 할 시점인 것입니다.


조국이 아니면 죽음을!
사회주의가 아니면 죽음을!
우리는 승리할 것이다!

# 15

현 경제위기와
세계위기

아바나

2001년 11월 2일

맹목적인 테러와 폭력의 무고한 희생양인
어린이가 미국 국적이든 아프리카 국적이든 간에
그들에게 경의를 표할 수 있는 평화의 대(大)제단을
쌓는 것이 훨씬 더 현명한 행동일 것입니다.

# 현 경제위기와 세계위기

아바나, 2001년 11월 2일


세계화가 전 세계로 확대되던 1990년대 중반, 미국은 역사상 전례 없는 부와 권력을 축적했습니다. 미국은 국제금융 기구의 절대군주로서, 자국의 엄청난 정치적·군사적·기술적 권력을 통하여 그렇게 할 수 있었습니다.

세계와 자본주의 사회는 완전히 새로운 단계로 접어들고 있었습니다. 세계적 생산과 무역과 연관되지 않는 경제적 거래는 아주 미미할 뿐입니다. 매일 3조 달러가, 통화 및 주식 투기와 같은 투기거래에 사용됩니다. 미국에서 거래되는 주식가격은 실질이윤이나 기업의 자산과는 아무런 관련도 없이 거품처럼 상승합니다. 숱한 신화가 탄생되었습니다. 또 다른 위기는 결코 없을 것이고, 그 체제는 자기규제 능력을 갖고 있으며, 자본주의는 방해받지 않고 발전·성장하는 데 필요한 메커니즘을 갖췄다는 등등. 순전히 가공의 부(富)가 극도로 창출되어, 단 8년 만에 그 가치가 800배나 상승한 사례도 있었습니다. 그것은 마치 무한대를 향해 부풀어 갈 수 있다는 거대한 풍선과 같습니다.

이러한 허상의 부(富)는 일단 만들어지면, 계속 투자되고, 지출되고, 소비되었습니다. 역사적 경험은 완전히 무시되었습니다. 세계인구는 단 100년 만에 4배가 되었습니다. 하지만 이러한 부에는 어떤 식으로든 참가하지도, 그것을 누리지도 못하는 수십억의 인류가 있었습니다. 그들은 값싼 노동력과 원료를 공급하지만 그것을 소비하지도 못하고, 또 진정한 의미의 소비자가 될 수도 없었습니다. 그들은 시장을 형성하지도 못했습니다. 그들은, 많은 특권을 가진 극소수 선진 산업국들 그룹 속에 기지를 갖춘 채 예전보다 더 적은 일자리를 창출하지만 생산성은 더 높은 공장으로부터, 격렬한 경쟁 속에서, 흘러가는 무한한 상품들의 강(江)이 생성시키는 거대한 대양에는 속하지도 못합니다.

이 상황이 유지불가능하다는 점을 이해하는 데에는 수준 높은 분석이 필요치 않습니다. 세계 어느 한 지역 경제에서 발생하는, 외관상 별로 중요치도 않은 사건이 세계경제의 전 구조를 흔들어 버릴 수 있다는 사실을 이해하는 사람은 없는 듯합니다.

새로운 국제경제 질서의 입안자, 전문가, 행정가(경제학자와 정치학자)는 이제 그들의 환상이 깨지는 것을 그저 방관만 하고 있을 뿐, 그 자신들이 사태의 장악력을 상실했음을 이해하지도 못하고 있습니다. 다른 힘이 그 장악력을 갖고 있습니다. 한편으로 점점 더 막강해지는 독립적인 거대한 초국적기업과, 다른 한편으로 세계가 진정으로 변하길 기다리고 있는 완강한 현실이 그것입니다.

1997년 7월, 세계화된 신자유주의 세계의 첫 번째 주요 위기가 발생했습니다. 호랑이들은 산산조각 났습니다. 일본은 아직까지 회복되지 못했고, 세계는 그 결과로부터 계속 고통을 당하고 있습니다.

1998년 8월, 이른바 러시아 위기가 도래했습니다. 세계의 국민총생산에 대한 러시아의 미미한 기여도—겨우 2퍼센트—에도 불구하고, 미국 주식시장은 몇 시간 만에 수백 포인트가 하락하는 등 심각하게 요동쳤습니다.

1999년 1월, 채 5개월도 지나지 않아 브라질 위기가 발생했습니다. 그 위기가 남미 전역으로 확산되고, 심각한 타격이 미국 주식시장을 강타하는 것을 막기 위해 G-7, 국제통화기금, 세계은행은 공동으로 전력을 다해야 했습니다.

"9월 11일 미국에서 발생한 테러 공격과 10월 7일에 시작된 아프가니스탄 전쟁이 세계 경제위기를 야기했다"고 태연하게 말하는 사람들이 있습니다. 그러한 주장은 아무런 근거도 없습니다. 내가 방금 강조한 것은 이 점을 분명히 증명하고 있습니다. 위기는 이미 일어나고 있었습니다. 그것도 통제 불능의 상태로······.

경제위기는 9·11테러와 아프가니스탄 전쟁의 결과가 아닙니다. 그러한 주장은 완전히 무지의 소치이거나 아니면 진정한 원인을 은폐하려는 시도일 따름입니다. 위기는 세계에 강요된 경제·정치 이념의 철저하고도 돌이킬 수 없는 실패의 결과입니다. 그 이념이란 신자유주의와 신자유주의 세계화입니다.

테러 공격과 전쟁이 위기를 촉발시킨 것이 아니라, 그 위기를 엄청나게 악화시켰을 뿐입니다. 빠르게 진행되던 것이 갑자기 더 심각하게 부풀려졌습니다. 인류는 이제 세 가지 심각하기 그지없는 문제와 직면해야 하는데, 그 세 가지는 모두 서로를 부추깁니다. 그것은 테러리즘, 전쟁, 경제위기입니다.

경제위기는 또한, 전혀 해결기미를 보이지 않던 주요 문제들을 더욱 악화시켰습니다. 해마다 수천만 명을 죽음으로 몰아가는 빈곤, 기아, 질병, 문맹, 교육의 부재, 실업, 노동과 매춘을 통한 수백만 아동의 착취, 수천억 달러를 동원하고 흡수하는 마약 거래와 마약 소비, 자금세탁, 마실 물의 부족과 주거지, 병원, 통신, 학교, 교육시설의 부족 등 모든 인간의 기본권리가 영향을 받고 있습니다.

위기는 지속가능한 발전, 환경보존, 물과 대기의 오염을 야기하면서 현재 증폭되고 있는 극심한 자연파괴, 오존층 파괴, 산림벌채, 사막화, 동식물 멸종 등에 특히 부정적인 영향을 미칠 것입니다. 어떻게 이러한 이슈들이 최소한의 관심도 받지 못할 수 있습니까?

만약 에이즈 같은 심각한 역병을 인류가 긴급하게 대처하고 퇴치하지 않는다면, 만약 테러리즘, 전쟁, 경제위기를 단호하게 문제 삼지 않는다면, 일부 대륙의 국가와 전 지역이 전멸할 것입니다. 과거 어느 때보다도 지금이야말로 모든 국가간 협력이 절실히 요구되는 때입니다.

우리 입장은 이미 밝혔지만, 9월 11일 사건이 발생한 지 단 몇 시간 후에 즉각 천명한 우리 입장을 회고하는 것도 의미 있는 일이라고 생각합니다. 당시 우리는 잔인한 공격에 대해 전적으로 개탄하고, 미국민에 대해 우리의 진지하고 이타적인 연대감을 표명하면서—왜냐하면 우리는 아무런 보상을 요구하지도, 바라지도 않았기 때문입니다—과거 그 어느 때보다 더 큰 열정과 확신을 가지고서 오늘도 계속 강조하고자 하는 신념을 표명했습니다. "세계의 현 문제들은 그 어느 것도 결코 힘으로 해결될 수 없다 (…) 국제사회는 테러리즘에 반대하는 세계적인 인식을 확고히 해야 한다 (…) 단지 합의와 국제적 여론을 통해서 힘을 추구하는 현명한 정책만이 이러한 문제를 확실하게 근절할 수 있다 (…) 이러한 상

상하기 힘든 사건이 테러리즘에 반대하는 국제적 투쟁의 개
시에 기여해야만 한다 (…) 만약 국제평화와 국제협력을 추
구하지 않으면 세계는 결코 구할 수 없을 것이다."

일주일 후인 9월 22일 나는 우리 민족의 이름으로 "무슨
일이 일어나든지, 전쟁이 있든 없든 간에 쿠바 영토는 미국
민을 대상으로 하는 테러주의 공격을 위해 결코 사용되지 않
을 것"이라고 천명했습니다.

여기에 나는 몇 가지 덧붙였습니다. "우리는 미국민을 향
한 그러한 행동을 막기 위해 최선을 다할 것이다. 오늘 우리
는 연대감을 표명하며, 또한 평화와 평온을 주장한다. 언젠
가 그들은 우리의 행동이 옳았다는 것을 인정할 것이다."

9월 29일 시에고 데아빌라(Ciego de Avila)에서 거행된
시위에서, 나는 거듭 우리의 입장을 강조했습니다. "많은 정
직한 정치지도자들을 포함해서 세계 시민들이, 전쟁이 현실
이 되고 그 무시무시한 이미지가 드러나기 시작할 때, 아무
런 반응을 하지 않을 것이라고 생각하는 우를 범해서는 안
될 것이다. 그러한 이미지가 뉴욕에서 발생한 사건의 비극적
이고 충격적인 이미지를 대체하고, 9·11 사건을 망각하게
할 때 미국민과의 연대감은 돌이킬 수 없는 손상을 받을 것
이다. 연대감은 오늘날, 예측 불가능한 결과가 야기한 전쟁
에 의존하지 않고서, 무고한 많은 사람의 살상을 피하면서,
테러리즘을 근절할 수 있는 근본 요인이다."

"벌써 첫 번째 희생양들을 볼 수 있다. 그들은 전쟁을 피해 피난을 떠나는 수백만의 사람들이고, 세계를 당혹하게 할 귀신같은 모습으로 죽어 가는 어린이들이다."

작금에 발생하고 있는 사태들은 우리가 얼마나 옳았는지를 점점 더 분명하게 보여 줍니다. 10월 8일 전쟁이 시작된지 불과 몇 시간 만에 발간된 쿠바공산당 기관지 그랜마(Granma)는 사설에서 다음과 같이 주장했습니다. "이 전쟁은 테러리즘에 대한 전쟁이 아니다 (…) 이 전쟁은 오히려 테러리즘을 옹호하는 전쟁이다. 왜냐하면 군사작전이 테러리즘을 더욱 복잡하게 만들 것이며, 그래서 테러리즘을 근절하는 것을 더욱 힘들게 만들기 때문이다. 전쟁은 화염에다 기름을 부은 꼴이다."

"이 순간 이후부터 폭탄, 미사일, 공습, 장갑차의 진격, 침략국의 동맹군인 인종집단부대, 낙하산부대의 낙하 혹은 공격국가 특공대의 지상돌격 등에 관한 뉴스가 홍수처럼 쏟아질 것이다. 조만간 수도를 포함한 점령도시들, 검열이 허용하든 그 통제를 피하든 간에 그 사태에 대한 텔레비전 이미지가 밀려들 것이다. 그 전쟁은 테러주의자들이 아니라, 그 국가(아프가니스탄) 국민들을 대상으로 전개될 것이다. 군부대나 테러집단은 존재하지 않는다. 그 전쟁은 유령을 상대로 싸우는 암울한 구도이자 불길한 방식이다."

무차별적으로 폭탄이 투하된 지 26일 후에, 매일매일의

사건전개를 주시한 사람들은, 지금까지 일어났던 사태가 우리의 예측 그대로임을 알 수 있을 것입니다.

전쟁은 냉혹하게 시작되었습니다. 우리는 그 전쟁이 일어나지 않을 가능성은 거의 없었고, 실제로 발발하지 않을 수 없었음을 알았습니다. 하지만 그렇다고 해서 그 시점 전후에 낙심하거나 우리 입장을 부정해서는 안 됩니다.

우리는 테러리즘과 전쟁에 반대해서 싸울 필요가 있다고 주장했습니다. 우리는 결코 미국에 대한 복수심이나 증오심에 이끌려서는 안 됩니다. 나는 현재 자행되고 있는 실책에 대해 슬프게 생각하지만, 경멸감이나 사적인 분노의 감정을 결코 드러내지는 않았습니다. 나는 신념의 전쟁에 참여하고 있는 자들에게, 사적으로는 누구에게든 분노를 드러낼 필요가 없다고 자주 말했습니다. 나는 사실을 일일이 열거하고, 가급적 감정은 피하면서 냉정한 머리로 분석하는 식으로 논의를 전개하려 했습니다. 그렇게 하는 것이 우리의 도덕적 권위를 유지하고, 우리 입장의 힘과 진정성을 의심하지 못하게 할 것입니다.

현재 나는 만약 전쟁 없이, 협력과 전 국제사회가 만장일치의 지지로—진정으로 효율적인 조치와 테러리즘을 반대하는 강력한 도덕적 양심으로 나아가게 하면서—테러리즘을 퇴치할 가능성이 과연 존재하는지 궁금합니다. 슬프게도 그러한 가능성은 매일매일 조금씩 줄어드는 것 같습니다.

최악의 사태는 그러한 해결책을 찾는 것이 더 이상 가능하지 않는 시점에 도달하는 것입니다. 왜냐하면 나는 전쟁을 통한 문제해결이란 어리석고 불가능한 것임을 더욱 더 확신하기 때문입니다. 나는 미국의 정치·군사 전략가들 머릿속에 어떠한 일들이 전개되는지—그들이 거대한 군사력 배치가 탈레반의 의지를 분쇄할 것이라고 생각했든, 아니면 아마도 그들은 막강한 초기공격이 그 목표를 달성할 것이라고 기대했든 간에—를 떠올려 보려 했습니다.

유고슬라비아 전쟁 기간에 나토가 행한 예측은 널리 알려져 있습니다. 당시 나토는 목표를 5일 만에 달성하려 했지만, 거의 80일이 지나도록 달성되지 않았습니다. 또한 80일이 지난 후, 기술과 전력을 엄청나게 전시했음에도 불구하고, 세르비아 군대는 실제로 별다른 피해를 입지 않았음이 드러났습니다. 연합군 군대가 특히 싫어하는 지상전이 시작되었을 때, 러시아와 핀란드의 외교관들은 외교채널을 통해 적군(의 철수)을 '설득하느라' 총력을 기울어야만 했습니다.

미국이 아프가니스탄에서 추구한 주요 목표가 석유라는 견해에 나는 동감하지 않습니다. 나는 그것을 지리-전략(geo-strategic) 계획의 일부로 파악하고 있습니다. 무엇보다도 미국은 자국이 원하는 러시아의 전(全)석유와 가스를 포함하여 세계의 모든 석유에 대해 접근할 수 있는 국가라는 사실을 고려할 때, 단지 석유 때문에 그러한 실책을 범하지는 않았을 것이라고 생각합니다. 미국은 석유에 투자하고, 그것을 매입하고, 지불하면 충분할 것입니다. 미국은 자국의 특권에 근거해서 30년 만기의 예비채권을 찍어 내서 석유를 구입할 수도 있습니다. 그것이 80년 넘게 6조 6천억 달러 이상에 달하는 상품과 서비스를 구매했던 미국의 방식입니다.

아프가니스탄에서의 군사행동은 숱한 위험으로 가득 차 있습니다. 그 지역은 두 대국(파키스탄과 인도)이 몇 차례 전쟁을 치렀던, 극도로 위험한 지역입니다. 그들 사이에는 심각한 민족적 · 종교적 적대감이 있습니다. 전쟁 중인 영토의 인구는 대부분 이슬람교도입니다. 분위기가 악화되면 전쟁이 발발할지 모르고, 양국은 핵무기 능력을 갖추고 있습니다. 전쟁에 의한 파키스탄 정부의 불안정화는 심각한 위협입니다. 파키스탄 정부는 아주 복잡한 상황에 처해 있습니다. 탈레반이 그곳에서 출현했으며, 그들은 정확히 알 수 없는 규모의 파키스탄인들과 동일한 파슈툰 종족(아프가니스탄 남동부와 파키스탄 북서부에 사는 파슈토어를 사용하는 민족; 아리아계로 수니파의 이슬람교도─옮긴이)이라는 배경을 공유하고 있습니다. 종합해서 추측해 보면 그 수는 적어도 천만 명은 넘을 것으로 보입니다. 그들은 또한 광적인 열정을 가진 동일 종교를 공유하고 있습니다.

미국 군인은 일반적으로 거래에 조예가 깊습니다. 전역 후, 학자로서 쿠바를 방문했던 몇 사람을 만난 적이 있습니다. 그들은 책을 쓰고, 얘기를 전하고, 정치적 분석을 즐깁니다. 따라서 나는 10월 29일자 뉴요커지(New Yorker)에서, 만약 급진파가 정권을 잡을 경우에 전개될 파키스탄 핵탄두 쟁취를 위한 우발계획에 관한 정보를 보고도 놀라지 않았습니다. 미국 전략가들이 그러한 실질적인 위험을 간과한다는 것은 절대 불가능합니다. 하지만 아프가니스탄에 투하된 모든 폭탄, 죽은 어린이, 중상으로 고통당하거나 죽어 가는 사람들 모습을 보여 주는 모든 장면은 그러한 위험을 더 가중시킵니다. (핵무기) 보호를 책임지는 자들이 어떻게 요즘 대중들 마음을 사로잡고 있는, 가브리엘 마르케스(Gabriel Garcia Marquez)의 『예언된 죽음의 기록(Chronicle of a Death Foretold)』21)에서나 나옴직한 계획에 대응할는지 상상하기는 매우 어렵습니다.

나는 개인적으로, 미국 정보기구가 너무나 잘 알고 있는 정보 즉, 그러한 핵탄두가 어디에 어떻게 숨겨져 있고, 그것들이 어떻게 보호되고 있는지에 대해서 잘 모릅니다. 나는 어떻게 그러한 행동이 엘리트 군대에 의해 자행될 수 있었는지 상상해 보려 하지만 쉽지 않습니다. 아마도 어느 날 누군가가 그 전모를 얘기할 것입니다. 나는 그 전쟁이, 또 다른 천만 명의 이슬람교도들을 향할 경우에, 그러한 행동의 사후 정치시나리오를 상상하는 것조차 여전히 어렵습니다. 미국 정부는 그러한 우발계획의 존재를 부인했습니다. 이런 사태는 당연히 예측되어야 했습니다. 다른 방식으로 그러한 일이 발생할 수는 없었을 것입니다.

나의 가장 논리적인 질문은, 미국과 우호적이고 장기적인 정치적·현실적 경험을 갖고 있는 정부 수반들과 지도자들이 이러한 잠재적인 위험을 예견했는지, 아니면 예견하지 못했는지 여부입니다. 만약 예견했다면 그들은 왜 미국에 경고하고 그렇게 하지 말도록 설득하지 않았습니까? 분명히 미국의 우방국 지도자들은 그러한 위험을 우려하기는 하지만 충분히 이해하지는 못하고 있습니다.

언제 이러한 이슈에 당도할지 예측하는 것은 항상 어렵습니다. 하지만 내가 확신하고 있는 것이 있습니다. 만약 미국 한 국가만, 배치하려는 2만에서 3만 명의 군대가 제대로 된 비정규전 전략을 수행한다고 하더라도 그 전쟁은 최소한 20년이 걸릴 것입니다. 그 땅에서 전개되는 비정규전에서 아프간 적군을, 그 무기의 구경과 화력이 어떻든 간에 폭탄과 미사일을 가지고 항복시킨다는 것은 절대로 불가능합니다. 아프간인들은 이미 가장 어려운 심리적 순간을 지나왔습니다. 그들은 모든 것을 잃었습니다. 가족과 집과 재산 모두를 잃었습니다. 그들은 더 이상 아무 것도 더 잃을 것이 없습니다. 비록 가장 저명한 그들의 지도자가 죽더라도 무기를 버리지는 않을 것입니다.

나는 여러분에게 단지 내 생각을 전하고 있을 따름입니

다. 나는 잔인무도한 공격에서 남녀노소를 포함한 수천 명의 무고한 생명을 잃은 미국민과의 연대감을 보여 줄 수 있는 최선의 방법은 우리의 심정을 솔직하게 토로하는 것이라고 생각합니다. 그들의 희생을 결코 헛되게 망각해서는 안 되며, 수많은 다른 생명을 구하고, 이성과 양심이 테러와 죽음보다 더 강할 수 있다는 것을 입증하는 데 그 희생이 상기되어야 합니다.

우리는 지구상에서 자행한 범죄를 처벌하지 않은 채 그대로 방기해야 한다고 말하는 것이 아닙니다. 나는 특별히 누군가를 정죄하기 위한 판단근거를 전혀 갖고 있지 않지만, 만약 범인이 미국정부가 정죄하려 하고, 제거하려는 사람들이라면 미국정부가 하는 그 방식 때문에, 그 살인마들이 수백만의 사람들로부터 성인으로 추앙되는 재단이 건축될 것임은 분명하다고 봅니다.

맹목적인 테러와 폭력의 무고한 희생양인 어린이가 미국 국적이든 아프리카 국적이든 간에 그들에게 경의를 표할 수 있는 평화의 대(大)제단을 쌓는 것이 그보다는 훨씬 더 현명한 행동일 것입니다. 나는 스스로 미국 정책의 적이지, 미국 국민의 적은 아니라고 생각하는 한 사람으로서, 그리고 인류의 역사와 심리와 정의에 관한 신념을 가지고 있다고 생각하는 한 사람으로서 이렇게 주장하는 바입니다.

# 포스트 카스트로 체제에
# 대한 몇 가지 단상

강문구

**미국 헤게모니 하의 탈냉전시대, 중남미 좌파 정권의 도미노 현상, 그리고 체 게바라와 카스트로의 쿠바**

오늘의 국제정세는 과거 냉전시대보다도 더 혼돈스럽다. 이념대립과 갈등의 양극체제가 종식되면 안정된 데탕트의 시대가 지속되리라 기대했었다. 그러나 이러한 기대는 미국 중심의 서구세력과 일부 중동국가들 간의 끝이 보이지 않는 전쟁과 갈등으로 무산되었다. 1980년대 말 탈냉전시대는 이른바 '현실 공산주의권'의 몰락과 연관해서 시작되었다. 중국의 개혁 개방, 그리고 구소련의 페레스트로이카와 글라스노스트 등의 개혁 개방 조류가 그러한 공산주의권의 몰락과 어떠한 상관관계를 갖는지는 여전히 중요한 주제다. 그리고 공산주의 대국들의 개혁 개방 및 공산권의 몰락이 쿠바나 북한과 같은 공산주의 소국들에게 어떤 영향을 미치고, 이들 국가들의 현실과 미래는 어떠한지에 대한 관심은 우리에게 더 큰 의미로 다가온다.

통상 '미국의 뒤뜰(Backyard)'로 묘사되던 중남미 대륙에 좌파의 물결이 밀려들고 있다. 지난해 칠레 대선 결선 투표에서 중도좌파연합의 미첼 바첼렛 후보가 중도우파연합 후보를 누르고 당선되었다. 칠레 좌파의 승리는 1988년 반미(反美) 좌파의 선봉격인 베네수엘라의 우고 차베스 집권 이래 거세져 온 좌파 도미노 현상의 하나로 보인다. 특히 시장경제와 자유무역 정책을 기조로 사회적 약자를 배려하는 양극화 현상의 해소를 지향하는 새로운 '실용적' 좌파의 집권이라는 점에서도 의미심장하다.

더군다나 2003년 아르헨티나, 2004년 우루과이, 2005년 볼리비아에서의 좌파 승리는 칠레를 시작으로 지난해 선거에서 좌파 정권의 도미노가 계속되었다. 4월 페루, 7월 멕시코, 10월 브라질(재집권), 11월 니카라과, 12월 베네수엘라(재집권)에서도 좌파가 집권을 했던 것이다. 이들 좌파 집권의 물결은 반미 반자본 경향의 베네수엘라 모델에서 한걸음 나아가 시장경제, 자유무역, 외국자본에도 유연한 브라질 모델로까지 발전되었다. 이들 좌파 정권의 성격이나 성과에 대한 평가는 시기상조다. 하지만 중남미의 좌파 정권들이 급진적인 반미 정권의 유형에서 브라질의 룰라 정권처럼 유연한 '실사구시형' 좌파 정권의 도래에까지 이르게 된 것은 새로운 지평이라 할 만하다. 그래서 중남미 좌파 정권들은 그간의 고질병이었던 포퓰리즘을 경계하는 '남미병 없는 남미국가', '실용좌파'의 신조어를 탄생시켰던 것이다.

쿠바는 우리에게 여러 가지 이미지를 갖는 국가였다. 한국의 오랜 권위주의 체제 시절에 읽던, 빛바랜 체 게바라의 사진이 들어있던 쿠바혁명 관련 저작들은 민중과 혁명과 미국에 관한 깊은 흔적을 남겼다. 한편의 드라마같이 카스트로 형제와 체 게바라 일행이 의기투합(?)하여 멕시코에서 그랜마호를 타고 쿠바로 진격하고, 대부분의 일행이 쿠바 땅을 밟지도 못하고 죽어가고, 나머지 수십 명이 시에라 마에스트라 산맥에서 진지를 구축하여 결국에 아바나로 입성하게 되는 스토리는 전율스러웠다. 그게 언제였던가? 1959년의 일이다. 그 이후 반세기 가까운 세월 속에서도 쿠바는 극적인 외신을 타전하는 원천으로 남아있었다. 카스트로의 사회주의 선언, 케네디 대통령 시절의 피그만 침공 사건, 쿠바 미사일 사건, 지금까지 계속되고 있는 미국의 쿠바 경제봉쇄 및 경제전쟁, 마이애미 쿠바 갱들의 활약상(알파치노 주연의 스카페이스 참조)과 여전한 영향력, 수준 높은 쿠바 의료보험과 특히 세계적 수준의 안과시술(쿠바는 해마다 중남미인을

쿠바에 있는 현대중공업 현장을 방문한 피델 카스트로

대상으로 무료개안운동을 펴고 있음), 최근에 들려오는 유기농 농사의 성공 사례 등 쿠바는 척박한 현실과 이상주의적 지향을 우리에게 번갈아 들려주고 있다. 이는 마치 간절하고 처절한 페이소스 속에 아련하게 비치는 미미한 희망 같은 음조의 부에나 비스타 소셜 클럽을 연상시킨다.

쿠바 방문이 자유롭게 된 이후부터 우리나라에도 적지 않은 쿠바 여행기가 나와 있다. 쿠바를 방문한 사람들은 자유분방하고 낭만적이기까지 한 아바나 등지의 라틴 분위기에 놀란 표정들이다. 폐쇄된 공산국가의 이미지, 아마도 북한과 연상되는 이미지와는 너무나 다른 쿠바에 대해 우리의 관심은 더욱 높아질 것 같다.

최근 카스트로의 '중병설'과 권력이양에 관한 논의는 이렇게 항시 관심이 되어 오던 쿠바에 대한 세간의 관심을 더욱 고조시키고 있다. 하지만 북한 문제와 다소 유사하게, 쿠바의 정치현실에 대한 전망에는 많은 부담이 따르는 것이 사실이다. 민주체제에서의 정치변동에 관한 인식과는 달리, 그러한 체제의 지속성과 변화가능성에 관해서는 추측 이상의 분석이 용이하지 않은 형편이다. 여기에는 거의 반세기에 가까운 오랜 시기에다, 상대적 차이는 있지만 폐쇄적 사회와 연관된 정보의 문제, 게다가 일인 장기통치 공산주의 정치의 특색 등이 다양하게 결합된 결과일 것이다.

이 글은 이렇게 우리의 뇌리 속에 다양한 모습으로 다가오는 쿠바를 염두에 두면서, 혼돈스런 탈냉전시대의 강대국 미국과 계속되는 갈등 속에서 존속과 발전을 모색하는 사회주의 소국 쿠바의 정치현실과 정치변동의 분석에 근거하여, 카스트로 이후의 체제변화 가능성을 논하고자 하는 것이다.

쿠바의 정치변동을 분석하기 위해서는 이전 중국과 소련에서 전개된 개혁정책의 성격과 영향에 관한 비교가 주요한 이론적 논거가 될 수 있을 것이다. 두 국가에서 발견될 수 있는 정치체제변동 유형은 사회주의 체제변화를 일반적으로 조망하는 데 충분치 않지만, 참고할 수 있는 이론적 준거를 제공할 수 있으리라 기대된다. 그런 다음 쿠바에서 전개된 주요한 정치경제 변화를 살펴보고, 이러한 변화에 근거하여 쿠바체제의 변화가능성을 살펴보고자 한다.


## 중국 소련의 개혁 개방과 정치변동의 유형:
### 사회 경제 개혁 개방 및 정치개혁 간의 관계를 중심으로

공산주의 국가들의 개혁 또한 오랜 역사를 갖고 있다. 우리에게 익숙한 개혁 조류인 1980년대의 개혁은, 소련에서의 스탈린 비판 직후 1950년대 중반에 진행된 후루시초프 개혁과 헝가리 폴란드의 정치변동, 1960년대 중반 소련 코시긴 개혁, 1968년 이후 헝가리의 경제개혁에 이은 3세대 개혁에 속한다. 이 제3의 파도에 해당하는 개혁은 몇 가지 점에서 이전의 개혁에 비해 커다란 비중을 갖는다. 첫째, 중국의 개혁 개방이 합류함으로써 공산주의 양대 대국의 개혁으로서 의미를 내포하게 되며, 공산권 개혁의 두 가지 방향을 시사하는 것으로 이해되었다. 둘째, 시기적으로 체제 이념 대립의 냉전시대 말에 발생한 현상으로서, 서구 및 아시아 국가들과의 경제 경쟁에서 낙후되는 등 사회주의 존립에 커다란 의미를 갖게 되었다.

중국 개혁의 중요한 계기는 1978년 공산당의 '4대 현대화 정책'에서 찾을 수 있다.(『중국과 소련』, 모리카즈꼬, 164쪽) 이 노선은 모든 당과 인민이 농업, 공업, 국방과학, 기술의 근대화에 매진할 것을 밝힌 정책으로서, 이는 혁명에서 건설로, 정치에서 경제로 강조점이 전환됨을 의미했다. 이 제3기의 개혁은 '사회주의 초급단계론'에 근거하여 '어떻게 하면 생산력의 발전에 유리한가가 모든 문제의 출발점'이라는 테제 하에 비사회주의적 요소도 대담하게 다루어졌다.(앞의 책, 165쪽) 농촌에서부터 시작한 중국의 개혁은 사회주의 국영 경제의 핵심에 이르러, 중국 경제는 자본주의 색체를 강하게 도입하면서 중앙 집권적 경제도 변화일로에 있었다. 1979년부터 1988년까지 중국의 농업은 지속적으로 괄목할 만큼 성장했다. 1982년 9월 12차 당대회에서 호요방 당서기는 2000년까지 공업과 농업의 총생산액을 4배로 증가시키겠다고 선언했다. '4배 증가'와 '중국의 특색을 가진 사회주의'가 주요 목표가 되었다.

1984년 10월 '중앙의 경제 체제 개혁에 대한 결정'은 생산력의 발전에 부합되지 못했던 경직된 모델에서 벗어나기 위한 기업 개혁, 사회주의 상품경제를 제기했다. 이 결정으로 첫째, 도시기업의 사회주의 상품 생산, 둘째, '계획적 상품경제' 메커니즘의 형성, 셋째, 가격 개혁들을 지향했다. 1987년 13차 당대회에서 조자양 총서기는 기업의 리스와 주식화를 공인하고, 주식과 다른 사람의 노동력 고용으로 얻은 수입까지 정당한 것으로 인식하였다. 이는 생산력 발전에 유리한 것이 무엇인가가 모든 문제의 출발점이라는 테제에 근거한 것임이 분명해 보인다. 이러한 중국의 경제개혁은 다음과 같이 정리된다. 첫째, 농업 부문과 경제 특구 등의 대외 경제 분야에서는 개혁의 첨단을 걸어가고, 둘째, 공업 부문도 소유제의 개혁 등 과감한 실험을 했던 것이다.

특히 중국의 개혁은 정경분리의 개혁이라는 특징을 갖는데 주목할 필요가 있다. 정치제도 개혁론이 1970년대 말에 시작되어 3권 분립과 의회정치 등 부르주아 민주주의에 대한 재평가도 활발하게 이루어지는 듯했다. 1987년 13차 당대회에서 조자양 총서기는 정치개혁에 대한 프로그램도 제시했는데, 여기서 그는 서방측의 3권 분립과 다당간의 정권 교체는 중국의 경우에는 필요 없다고 규정했다. 이러한 논의는 이전 1986~1987년의 개혁 논의와 비교해 보면 확실히 후퇴하고 있는 인상을 준다. 이러한 중국의 정경분리의 개혁은 경제시스템의 개혁보다 정치개혁을 우선시하고 중시한 소련의 개혁이나, 복수정당화의 일정을 추진시킨 헝가리의 개혁과 분명한 차별성을 가지며, 이러한 특징이 개혁의 진행에 커다란 영향을 미쳤다. '농민에게 토지를, 서민에게 소비 물자를'이라는 모토를 가지고 출발한 중국의 개혁은 경제에 집중되었고, 이러한 '양적 개혁'은 어느 정도 성공한 듯이 보인다. 물론 '천안문 사태'를 둘러싼 논쟁은 중국 개혁정책의 한계와도 연관되어 있지만, 장기적인 관점에서 정치개혁 이전에 경제개혁에 치중한 것이 안정적인 과정을 가져오는 데 공헌한 듯이 보인다. 이 문제는 양적 개혁에서 '질적 개혁'으로의 도약에 사회적 이해의 조정과, 정치사회적 개방과 개혁의 필요성이 제기되는 관점에서 새롭게 조명되어야 할 대목이다.

1980년대 중후반 소련의 개혁은 고르바초프가 서기장이 된 지 일 년 후, 1986년 2월 소련 공산당 27차 당대회로부터 시작된다. 고르바초프는 이 당대회에서 최초로 소련 경제와 사회의 '근본적인 개혁'을 제기하고 1920년대 초기의 신경제정책(NEP)을 도입한다고 시사하였다. 이 대회에서는 경제 체제 개혁의 계획이나 목표는 제시되지 않고, 단지 경제의 가속화가 안건이었다. 1986년 11월 최고회의는 '개인경제 활동법'을 채택하여 당시까지 지하에서 성행하던 다양한 분야에서의 개인 노동이 합법화되었다. 하지만 소련의 개혁은 정치부문에 초점이 맞춰져 있었다. 1987년 1월 중앙위원회 총회에서는 민주주의의 중요성이 천명되고, 개혁의 최종 목적이 국가생활의 모든 분야에서의 혁신이며, 정치에 있어서 사람의 요소를 강조했다.(앞의 책, 182쪽) 물론 소련의 개혁 청사진에는 경제관리 체제의 개혁이 제시되고 있기는 하다. 예를 들면, 1987년 6월 중앙위원회 총회는 '경제관리 체제의 페레스트로이카에 대한 기본 원칙'을 채택했고, 직후에 최고회의가 국영기업법을 제정하여 경제시스템의 개혁 준비가 완료되었다. 하지만 이 기본원칙에서 보여 주는 신경제 메커니즘은 프로그램으로만 확정되었을 뿐 현실적으로 제대로 시행되지는 못했다. 앞서 강조했듯이, 고르바초프가 추진한 개혁의 중심에는 정치개혁이 항상 자리 잡고 있었다고 보는 것이 정당할 것이다.

1988년 2월 중앙위원회 총회에서 고르바초프는 '페레스트로이카에 혁명적 이데올로기를'이라는 테제를 발표하면서, 중요한 것은 민주화이고 이 민주화가 페레스트로이카의 목적을 달성하는 결정적 수단이라고 규정했다. 그리고 정치개혁의 중심은 소비에트의 역할을 근본적으로 향상시켜서 당과 국가의 기능 분리, 당 위원회 선거에서 복수후보제의 채택이라고 강조했다. 소련의 페레스트로이카는 1988년부터 경제에서 사고와 사회의 개혁, 그리고 정치시스템의 개혁으로 그 중심이 이동되었다. 1988년 6월에 고르바초프는 다음과 같은 5대 부문의 개혁을 제시하였다. 첫째, 인민권력기관으로서의 소비에트의 강조와 선거제도의 개혁, 둘째, 지방에서의 최고권력기관으로서의 소비에트의 부상, 셋째, 당과 국가기관의 분리, 넷째, 행정기관의 간소화가 그것이다. 이렇듯 소련의 페레스트로이카는 경제개혁에 비해 정치개혁을 강조함으로써, 결과적으로 인민들은 사회 경제 분야의 진보와 혜택을 체감할 수 없었고, 정치개혁의 강조로 인한 기대

와 욕구의 증대는 지지부진한 정치개혁의 성과로 인해 심각
한 불만으로 이어지게 되었다.

중국의 개혁은 실리에서 출발하여 실제로 인민들에게 향
상된 경제적 혜택을 제공할 수 있었다. 이에 비해 정치와 사
회의 개혁은 지지부진하거나 오히려 후퇴하고 있다는 인상
마저 주었다. 정경분리의 개혁을 10년 이상 추진한 결과 개
혁의 질적 도약에는 분명한 한계를 보이고, 천안문 사태에서
노정되듯이, 심각한 모순도 발생했지만 경제의 개혁 개방정
책은 지속되었다. 반면 소련의 페레스트로이카는 실제로 경
제시스템의 개혁은 이행하지 못하고 사상과 정치시스템에
과도하게 집중되었다. 그 결과 인민의 불만과 정치과잉이 빚
어내는 불안정이 개혁과정을 좌초시키는 결과를 가져왔다.
중국에서는 경제개혁에 버금가는 정치개혁이 수행되지 못할
때 발생하는 문제를 목격할 수 있었고, 반대로 소련에서는
정치개혁은 어느 정도 진전되어가는 데 비해 경제개혁의 성
과가 별로 뚜렷하지 못한 까닭에 국민의 불만이 점증되고 있
음을 목격할 수 있었다.(『소련과 중국』, 송두율, 264쪽) 이는 사
회주의 체제의 개혁과정의 복합적인 측면을 보여 주는 현상
이라 하겠다.

## 쿠바의 개혁 개방과 정치변동과정의 주요 특징

    쿠바는 1963년부터 본격화된 미국의 무역봉쇄정책으로 거의 모든 부문에서 소련에 크게 의존하는 구조를 갖게 되었다. 쿠바의 전체교역 중 지금은 사라진 COMECON(혹은 CMEA) 소속 국가들과의 비율이 1960년대의 17.1퍼센트에서 1980년대 이후의 80퍼센트에 이르게 되었으며, 소련과의 교역은 이 중에서 90퍼센트를 상회했다.(권혁범) 결과적으로 혁명 이전 쿠바가 경험했던 미국에의 과도한 의존이 소련으로 바뀌었던 것이다. 잘 알다시피, 소련은 이외에도 국제시장 가격의 2~8배의 가격으로 설탕, 니켈 등을 구입하고, 원유를 국제시장 가격 이하로 공급했으며, 쿠바가 이 원유를 정제하여 시장 가격으로 제3국에 수출하는 것을 허용했다. 하지만 여러 가지 대내외적 제약요인으로 인하여 쿠바는 이전의 파행적 경제구조를 혁명 이후에도 극복하지 못하고 1980년대 중반에 이르러 심각한 상황에 처하게 되었다.

    1970년에서 1985년 사이 비교적 안정적인 성장을 구가하는 듯했으나 이후 침체 국면에 빠졌다. 1980년대 중반 이후 두드러진 설탕 가격/재수출 석유 가격의 감소, 달러화의 평가절하, 소연방과의 관계변화 등으로 극심한 위기국면으로 돌입했다. 요컨대 소연방 및 동구권의 급진적 변화, 미국의 지속적인 경제 제재조치, 쿠바 계획경제 체제의 문제점, 설탕의 국제가격 하락 및 경화 부족 등으로 쿠바는 경제적으로 심각한 위기를 맞게 되었던 것이다. 소연방 및 동구권과의 교역이 대외교역의 90퍼센트 정도를 차지하던 상황에서 사회주의권의 몰락은 연료, 식량, 의류 등 모든 부문에서의 물자 부족으로 이어졌다. 특히 쿠바에 대한 원유공급도 소연방의 경제적 어려움으로 인해 연간 1,300만 톤 규모에서 1,000만 톤 이하로 줄어들게 되어 이 수입으로 구입하던 식량 및 기계설비 등은 대폭 감소하지 않을 수 없었다. 불가리아의 치즈, 동독의 분유, 러시아의 유리병 제조용 가성소다 및 사탕수수 경작용 비료 등의 공급이 차단되었다.

경제적인 분야뿐만 아니라 정치·외교적인 측면에서도 이들 사회주의 우방국들과의 관계는 악화되었다. 쿠바가 관여하였던 앙골라 분쟁의 타결을 위한 평화협정 조인식에 쿠바정부 대표단이 초청을 받지 못하고 오히려 미국 주재 반카스트로 단체인 재미쿠바인 전국재단의 카노사(Jorge M. Canosa) 회장이 초청을 받았는가 하면, 체코는 쿠바의 인권탄압을 비판하는 데 주도적인 역할을 하고 러시아도 동조하는 태도를 보였다.

1989년 고르바초프 서기장이 쿠바를 방문하여 개혁 개방 정책을 권고했으나 카스트로 국가평의회 의장은 이를 일축한 것으로 알려져 있다. 하지만 이후 소연방의 붕괴로 인해 쿠바는 경제적 난관에 봉착하게 되었으며, 이로 인해 사회 경제 분야의 타개책을 모색하지 않을 수 없는 지경에 이르렀다. 더군다나 쿠바혁명 직후부터 미국 정부는 금수조치(1962년 2월)와 쿠바여행금지(1963년 2월) 등의 기조를 유지해 오다, 탈냉전 이후에는 더욱 강력한 반쿠바 제재조치를 이행해오고 있다. 1992년에 제정된 '쿠바민주화법'[토리첼리(Torrichelli)법]은 쿠바 항구에 기항한 선박의 미국 기항 금지(6개월 간), 미국 기업 해외지사의 대 쿠바 교역 금지, 대 쿠바 유·무상 지원국에 대한 미국의 원조 및 무기판매 중단, 쿠바의 반정부세력 등의 내용을 담고 있다. 또한 1996년 쿠바 공군기의 미국 민항기 2대 격추 사건을 계기로 제정된 '쿠바 자유-민주 연대법'[헬름스 버튼(Helms-Bruton)법]은 쿠바정권의 민주화 교체시에만 대 쿠바 금수조치 해제, 외국 기업의 미국(인)의 몰수재산 이용시 보상요구권의 미국(인) 부여 등을 주요 내용으로 하고 있다.

1991년 구소연방 붕괴에 따른 경제난에 대응하여 쿠바정부는 '평시 비상기간(Periodo Escpecial)'을 선포하여 생필품 및 전력 등 기본 서비스 공급을 축소하는 등 초긴축정책을 시행하고, 보유외화 등 모든 가용자원을 외화가득산업 성장을 위한 기계 원료 등 필수자본재 수입에 투입시켰다. 1992년에는 대외무역에 종사하는 국영기업에 대해 달러화 등 외환자율사용권을 부여했으며, 93년부터는 달러사용의 합법화, 국영농장 개편, 소득세 개념의 도입, 자영업 활성화 등

본격적으로 시장경제 요소의 도입을 시도했다. 쿠바정부는 계획경제의 기본 틀을 유지하면서 경제성장 유인책을 마련하기 위해 외화유입 증대, 재정지출 축소, 상품 서비스 공급 확대 등 3대 목표를 지향하는 혼합사회주의 경제 체제 구축에 힘썼다. 따라서 1993년은 시장지향적 경제개혁의 원년에 해당되며, 1994년에는 페소화에 대한 태환성 부여, 농업부문에서의 외국인 투자 허용, 일부 농산물 및 수공품 거래를 위한 자유시장의 설치가 이루어졌으며, 1995년에는 외국인 투자법이 제정되어 외국인 투자지분 한도 폐지, 외국인의 부동산 투자 및 소유가 허용되었다. 특히 쿠바정부는 94년 초부터 신경제 관리계획 체제를 수립하여 부분적으로 시장메커니즘과 물질적 유인 제도를 도입하고, 동시에 국영기업에 대해 독립채산제를 실시하는가 하면 개인 채산 노동도 부분적으로 허용하여 농민이 할당된 생산량 초과 부분을 농산물 자유시장에 팔 수 있도록 하고 있으며, 개인의 일부 가내공장과 상점 경영도 허용되었다. 1997년 5월에는 쿠바 최초의 와하이(WAKAY) 자유무역지대 설치를 시작으로 3개 지역에 자유무역지대가 설치되었고, 입주업체에 대해서는 12년간 면세혜택을 부여했으며, 200여 개의 외국기업이 활동 중이다.

쿠바는 기존의 사회주의 체제를 유지하면서 관광산업과 서비스 부문을 중심으로 외국인 투자를 유치하는 정책을 지속하여 소연방 붕괴 이전까지 지속적인 경제성장을 달성할 수 있었고, 그 이후에 닥친 미국의 제재와 경제적 어려움에 대해서도 비록 속도는 더디지만 개방정책을 지속했다. 특히 해외로부터 송금된 달러의 유통과정에 달러 상점 등을 참여시키는 한편, 이를 최종적으로 국가가 흡수하는 메커니즘을 구축하여 효율적인 외환관리 제도를 정비했다.(『쿠바현황』, 95쪽)

이러한 개혁 개방정책과 병행하여 경제구조 조정에도 착수하여, 2002년 상반기부터 사탕수수 경작의 60퍼센트 정도와 제당공장 55개소 등을 폐쇄하는 등 설탕산업 구조조정에 착수하여 경제의 설탕산업 의존 구도를 탈피하고자 했다. 또한 금융통화정책의 일환으로서 경제의 달러화 예속을 차단하고자 1993년 미달러화 통용 허용 이래 1달러=페소 교환을 정부가 보증하는 태환페소화와 국내시장용인 페소화의 교환 비율을 조정하는 정책을 펴나갔다. 2005년 4월 미달러화에 대한 태환페소화 가치의 평가절상(1:0.8)조치와 함께 고페소화 정책 추진 방침을 밝히기도 했다. 외국인의 투자한도 제한은 없으나 정부가 경영권을 유지하는 합작기업 또는 경영서비스 계약(관광경영, 설탕산업 부문) 등을 권장했다.(앞의 책, 97쪽)

쿠바는 오랜 기간 동안 미국의 경제제재 조치와 소연방 붕괴 등으로 심각해진 경제상황을 타개코자 비교적 유연한 개혁 개방정책을 추진해 왔다. 하지만 정치 분야에서 쿠바는 사회주의 체제의 근간을 강력하게 유지해 오고 있다. 고르바 초프의 쿠바방문시 페레스트로이카 노선의 개혁 개방정책의 권고를 반대한 이래, 제한적 시장경제 체제 도입과 종교자유 확대 등을 통한 부분적 변화는 허용했으나, 정치체제의 기본 골격은 더욱 강화해 나가는 경향을 보여 주었다. 1990년대 이후 공산당은 중앙위서기국과 지방당위원회의 규모를 50퍼 센트 이상 축소하고, 중앙위 및 지방 시위원회의 후보위원직 폐지, 서기국 정치국의 비상임위원 폐지, 종교인의 공산당 입당 허용 등 당 조직을 대폭 개편하는 시도를 했다. 그리고 인민권력국가회의 의원의 선출 방식을 직접 비밀 투표에 의 한 선출로 개정하고, 비공산당원의 인민권력국가회의 의원 출마를 정당 소속이 아닌 개인 자격에 국한하는 한에 있어서 허용했다. 특히 1998년 교황 요한 바오르 2세의 방문을 계기 로 100명 이상의 반체제 인사를 석방하는 유화제스처를 보 이기도 했다.

특히 주목할 만한 것은 오스왈도 파야 기독해방운동 (MCL) 대표의 주도로 쿠바 민주화를 위한 '바렐라 프로젝트 (Varela Project)'가 추진되어 2002년 5월에는 1만 1천 명의 서명을 받아서 국민투표를 요구하는 청원서가 의회에 제출 되었던 사건이다. 이 프로젝트는 19세기 쿠바 독립의 영웅이 자 카톨릭 성직자인 펠릭스 바렐라의 이름을 빌어, 헌법에 보장된 시민 개헌 청원권을 허용하고 다당제 인정, 언론자유 보장, 자영업 허가 등을 실현하기 위한 민주개혁운동이다. 특히 파야는 2002년 '사하로프 인권상'을 수상하는 계기를 통해 세계 각지를 순방하면서 쿠바의 민주화운동에 대한 국제적 지지를 호소했다. 그 외에도 민주체제의 수립을 목표로 하는 '시민사회 촉진회의' 등이 결성되어 반정부운동의 흐름이 지속되고 있다.

하지만 가장 강력한 반카스트로 운동은 미국 마이애미를 중심으로 전개되는 '재미쿠바인 전국재단(Cuban American National Foundation)'에 의해 주도되고 있다. 이 단체는 대쿠바 경제재제 조치의 지속과 민주화 압력의 강화를 미국의 행정부와 의회 등에 지속적으로 요구하고 영향력을 행사하고 있다. 특히 조지 W. 부시 대통령 집권 이후 쿠바와의 정국은 더욱 경색되었다. 미국 정부는 인권과 민주주의의 이름으로 '서반구에서 유일한 비민주적' 국가인 쿠바를 압박했으며, 이라크 전쟁 이후 마이애미를 중심으로 한 반카스트로 단체의 행동은 더욱 고조되었다.

하지만 쿠바정부는 사회주의체제의 강화 전략으로 이러한 요구에 맞서고 있다. 카스트로 국가평의회 의장은 1997년 제5차 공산당 대회에서 라울 카스트로 국방장관을 후계자로 공식 지명했다. 그리고 군부를 경제개혁에 참여시킴으로써 군부의 위상을 높이는 동시에 사회주의 혁명체제의 공고화를 지향하고 있다. 카스트로는 2002년 6월 헌법 제3조를 수정하여 사회주의의 불가역성을 명시적으로 선언했는데, 그 내용은 "헌법이 규정한 사회주의와 혁명적 정치 사회 체제는 바꿀 수 없다. 쿠바는 결코 자본주의로 회귀하지 않는다"였다. 최근 카스트로의 건강상 문제를 배경으로 카스트로 이후의 쿠바 체제에 대한 관심이 고조되고 있다.

지금까지 진행되어 온 쿠바의 정치변동 유형은 소연방보다는 중국의 유형에 가깝다고 할 수 있을 것이다. 즉, 기존의 정치체제는 그대로 고수하거나 강화하면서 동시에 사회 경제의 개방과 개혁은 추진하는 형태가 그것이다. 이른바 '정경분리'의 개혁은 경제시스템의 개혁보다 정치개혁을 우선시하고 중시한 소연방의 개혁과는 분명한 차별성을 갖는다. 인민에게 개방과 개혁을 통해 자유로운 분위기와 경제적 실리(혜택)를 제공할 수 있다면, 어느 시점까지 정치개혁의 부진은 문제가 되지 않을 수도 있다. 이에 반해 정치개혁을 통해 개방화와 자유화에 대한 기대치가 고조되면서 여타 사회 각 방면의 개방화와 자유화에 대한 욕구도 높아질 경우, 지지부진한 사회 경제 상황이나 기대에 따르지 못하는 정치개혁의 수준은 심각한 욕구불만의 원인이 될 수 있다. 중국의 개혁은 실리적 측면을 중시하여 인민들에게 향상된 경제적 혜택을 제공할 수 있었지만 중국의 정치체제는 그대로 유지되거나 오히려 강화되었다. 이런 맥락에서, 사회 경제적 개혁 개방이 유발시킨 정치개혁에의 기대가 좌절되는 과정이 '천안문 사태'로 노정되었다는 해석도 가능할 것이다. 사회 경제의 개혁 개방은 비교적 점진적이고 장기적인 과정인데 반해, 정치개혁의 효력은 급진적이고 단기적으로 나타날 가능성이 높다. 이러한 현상은 구소연방에서 진행되었던 고르바초프 주도의 개혁정책이 야기한 정치불안과 체제불안정 속에서 잘 드러난다.

헌팅턴은 정치안정 및 불안정을 참여 동원과 제도화의 관계로 설명했다. 즉, 참여 동원이 발생하기 전에 제도화가 먼저 이루어지면 정치적 안정이 유지되는 데 반해, 제도화가 이루어지기 전에 참여 동원이 일어나게 되면 정치적 불안정이 야기된다는 설명이다. 필자는 이러한 헌팅턴의 논지를 사회 경제의 개방 개혁과 정치변동 간의 관계에 적용해 보고자 한다. 앞서 언급한 중국 및 소련의 개혁 개방 과정에서 유추해 볼 때, 점진적으로 일상적 변화를 유발시키는 사회 경제 분야의 개혁 개방보다 정치개혁이 먼저 발생하게 되면 이 정치개혁이 야기한 사회 구성원들의 고양된 의식과 동원을 수용 흡수하기가 힘들어진다. 따라서 체제의 불안정이 야기될 수 있다. 그 반면에 점진적이고 일상의 변화와 맞물린 사회 경제의 개혁 개방이 먼저 이루어지게 되면 정치개혁을 유발시킬 수 있는 기대와 요구를 수용 흡수할 수 있게 되어 비교적 안정적인 차원에서 개혁 개방이 지속될 수 있다. 물론 사회 경제의 개방 개혁이 지속적이고 한 차원 높게 전개되기 위해서는 정치개혁이 실현되어야 한다. 사회 경제의 개혁 개방의 성과가 일정한 정치개혁(개방, 분권화, 자유화, 민주화 등)에의 요구로 이어지고 이러한 정치개혁의 성과를 바탕으로 사회 경제의 개혁 개방은 진일보할 수 있을 것이다.

쿠바는 소연방 붕괴 이후 소연방에 대한 과잉의존과 '사회주의적 종속'의 수준에서 벗어나 자구책을 구하지 않을 수 없었다. 이런 맥락에서 쿠바에서는 1980년대 중반 이후부터, 특히 설탕생산 부문에서의 적극적인 산업 구조조정을 포함하여 여러 가지 경제개혁을 단행하고 외국자본에 대해서도 유연한 개방정책을 시행했다. 특히 쿠바 외화수입의 확고한 자원인 관광산업은 다양한 사회 경제 분야의 개방 효과도 가져오게 했다. 일반적으로 시장경제 지향과 외부에 대한 개방 정책에는 사회적 균열과 갈등이 동반될 가능성이 높으며, 이러한 다양하고 다변적인 이해관계는 정치체제의 변동을 요구하기 마련이다. 이런 상황에서 단기적인 해결책은 베트남이나 중국에서처럼 일당독제체제의 골격을 유지하면서도 그것의 이완을 꾀하고 비판세력에 대한 정치적 공간을 비공식적인 영역에서나마 제한적으로 허용하는 것이다. 이러한 제한적 변화도 역사적으로 특히 중국 사회주의가 사회를 일원화하지 않았고 상당한 분권적인 구조를 형성한 조건에서 가능했던 것이다.(『역사로서의 사회주의』, 와다 하루끼, 147~148

쪽 참조; 권혁범 참조) 따라서 쿠바가 북한에 비해서 더 빠른 속도와 유연성으로 정치적 변화를 진행시킬 가능성을 쿠바 권력구조의 분권적 요소와 경제영역에서의 쁘띠 부르주아의 지속적 성장 속에서 찾고 있는 권혁범 교수의 진단은 설득력이 있어 보인다.(「사회주의의 역사적 제약과 사회주의의 위기」, 권혁범)


## 포스트 카스트로 시대의 체제변동의 가능성에 대하여

쿠바는 몇 가지 측면에서 북한과 비교 대비된다. 가장 오래 지속되고 있는 사회주의 소국의 정치체제, 미국과의 오랜 갈등관계, 허약한 경제구조 및 경제성장의 성과, 소련 및 중국과의 특이한 관계 지속 등의 특징은 공유하는 반면에, 대외적 개방과 우상 숭배의 정치문화, 사회 문화적 자유 등의 측면에서 쿠바는 월등히 앞서 있다. 카스트로의 발언을 액면 그대로 다 수용할 수는 없지만, 그는 쿠바에서의 정치탄압 가능성을 단호하게 부정했는데, 미국 등의 국가들과 다양한 반카스트로 단체들의 지속적인 압박을 고려한다면, 쿠바체제의 경직성이나 폭력성은 심각한 수준은 아닌 듯하다. 또한 쿠바 의료복지의 높은 수준과 라틴아메리카 및 아프리카 등지에서의 활발한 의료지원사업 등은 카스트로체제에 대한 여러 형태의 지지 근거가 되기도 한다. 특히 최근 브라질, 베네수엘라, 볼리비아, 니카라과에서의 좌파 정권 집권은 오랜 기간 미국과 여타 라틴아메리카 국가들과의 관계에서도 고립되고 소외되어 왔던 쿠바정부에게 새로운 유대관계의 모색을 용이하게 해 주었다.

서두에서 언급했듯이, 쿠바를 방문한 많은 사람들은 쿠바사회의 자유롭고 개방된 분위기에 놀라움을 표하곤 한다. 쿠바사회는 지속적인 사회 경제 개혁과 문화적 개방을 추진해 왔던 동시에 정치체제는 더욱 강화시켜 왔음을 알 수 있다. 이러한 정치체제의 강화는 오랜 미국의 제재조치와 미국 주재 반카스트로 단체의 활동으로 인해 어느 정도 선까지는 국민들에 의해서도 받아들여지고 있는 것 같다. 그리고 후계자로 지목되고 있는 라울 카스트로가 군부를 관리하고 있는 동시에 군부는 경제 개혁 개방정책에도 깊숙이 관여한 것으로 알려져 있다. 이런 맥락에서 쿠바의 정치체제는 가까운 미래에, 카스트로가 생존하든 생존하지 않든 간에, 급격한 변화를 겪지는 않을 것으로 사료된다. 왜냐하면 앞서 언급했듯이, 1980년대 후반부터 지속적인 경제개혁과 사회문화적 개방, 대외문화의 개방 등이 이루어져 왔고, 동시에 미국 및 반카스트로 단체의 활동이 정치체제 개혁의 부진을 정당화해 주는 역할을 했으며, 군부세력 중심의 개혁에의 적극적 참가와 카스트로의 상징적 1인 체제와 더불어 분권적 복수

권력 구도가 어느 정도 정착되어 있기 때문이다.

카스트로 체제의 존재는 쿠바 혁명의 존속과 미국의 제재에 대한 저항으로 압축될 수 있으며, 이는 점진적 경제개혁과 사회 문화적 개방화 및 정치체제의 강화에 의해 유지될 수 있었다. 카스트로 이후의 쿠바 체제는 예상되는 미국 및 반카스트로 단체들의 강력한 비판 등을 고려할 때 여타 라틴아메리카 좌파 정권들의 행보처럼 민주적 선거절차의 도입과 과도적 분권 복수체제 등의 특징을 띨 것으로 전망된다. 다행인지 불행인지 모르지만, 라틴아메리카 지역에 좌파 정권들의 집권으로 인해 쿠바에 우호적인 정권이 멕시코 외에 몇 개 국 정부가 가세할 수 있는 상황에서 미국의 쿠바 고립 정책이 예전만큼 효력을 발휘할 수는 없을 것 같다. 그리고 좌파 정권의 민주적 선거절차의 도입이 별 문제가 되지 않음이 여러 번 입증되어 온 차제에, 카스트로 이후 쿠바 정치체제의 자유화 · 민주화는, 그간 이루어져 온 사회 경제 개혁 개방과 분권적 정치 구도를 염두에 둔다면, 충분히 가능한 시나리오로 보인다.

# 참고문헌

1. 국가정보원, 『쿠바현황』, 2005

2. 외교통상부, 『쿠바개황』, 2005

3. 권혁범, 「사회주의 역사적 제약과 사회주의의 위기: 쿠바와 북한의 사회주의 성격에 관한 시론」

4. 송두율, 『소련과 중국』, 한길사, 1990

5. 모리카즈꼬, 『중국과 소련』, 시민시각, 1989

6. 김두진, 「쿠바의 사회주의 발전과 페레스트로이카」, 『변혁기 제3세계 사회주의』, 나남, 1992

7. 바니아 밤비아, 『쿠바혁명의 재해석』, 백산서당, 1985

8. 강문구, 「사회주의 대변화와 니카라과 혁명건설과정」, 『변혁기 제3세계 사회주의』, 나남, 1992

9. 강문구, 『자본주의 체제하의 사회변혁운동: 칠레혁명과 아옌데 노선 연구』, 친구, 1989

# 역주

1) 카르타고의 장군 · 정치가. B.C. 219년 봄 로마의 동맹시(同盟市) 사군툼을 공격하여 이를 함락시켰고, 이듬해 제2차 포에니 전쟁(한니발 전쟁이라고도 한다)을 일으켰다. 특히, B.C. 216년 칸나에 전투에서는 천재적인 용병술을 발휘하여 전사(戰史)상 손꼽히는 대 섬멸전을 전개하였고, 한때는 수도 로마까지 육박해 들어갔으나 전선은 점차 교착상태에 빠졌다. B.C. 203년 본국으로 소환되고, 아프리카에서 싸웠는데, B.C. 202년 자마의 결전에서 대(大)스키피오가 이끄는 로마군에게 패하여 제2차 포에니 전쟁은 카르타고의 패배로 끝났다. 그 뒤 로마 · 카르타고 사이에 평화조약이 체결된 뒤에도 장군직을 유지하였으며, B.C. 196년 행정장관으로 뽑혀 재정개혁을 핵심으로 하는 민주적인 국제(國制) 변혁을 이룩하였다. 로마에 대해 보복할 기회를 노리고 있었으나, 친 로마파의 책동과 로마의 간섭으로 카르타고에서 탈출해 시리아의 안티오코스 3세 밑으로 피신하였다. 그 뒤 로마군을 상대로 치른 해전에서 다시 패배한 그는 반(反)로마 투쟁에 대한 결실을

보지 못한 채 소아시아의 비티니아에서 자살하였다.(야후 백과사전 참조)

2) 1996년에 제정된 헬름스-버튼 법안은 쿠바에서 기업 활동을 벌이는 비(非)미국계 회사들에까지 제재 적용범위를 확대하는 한편, 미국시민이 쿠바에 몰수된 미국인 소유지를 활용하는 외국기업을 제소할 수 있도록 하고 있다. 클린턴 미국대통령은 외국기업 제소 보장에 관한 이 법 제3조의 발효를 계속 유보하면서, 아울러 해당 '불법거래' 관련 외국기업의 피고용인·주주들에 대한 미국 입국비자 발급거부를 규정하고 있는 제4조에 대해서도 의회에 수정을 요청할 것이라는 관측이 있었다. 한편, 이 법의 취지를 지지하는 사람들은 제재가 오히려 한층 강화된 수정법안을 미국 하원에 제출했다.

헬름스-버튼 법안을 두고 전 세계여론이 미국을 비난하는 가운데, 유럽연합(EU)이 세계무역기구(WTO)에 미국을 제소했지만, 이 기구는 이를 기각했다. 쿠바정부는 모든 라틴아메리카 국가에 고위관리를 파견하고, 카리브해 연안 도서국들과의 관계도 증진시키는 등, 이 법안에 반대하는 외교활동을 벌였다.(한국 브리태니커사전 참조)

3) 1945~46년 독일 뉘른베르크에서 열린 국제군사재판.
전(前) 나치 지도자들이 전범으로 기소되어 재판을 받았는데, 그들에 대한 기소이유는 다음과 같았다.

① 평화에 관한 죄: 국제조약과 협정을 위반하고 침략전쟁을 계획 · 준비 · 실행한 죄

② 인도(人道)에 관한 죄: 인민 몰살, 추방, 집단살해

③ 전쟁범죄: 전쟁법 위반

④ 앞의 세 기소사항에 있는 범죄행위를 계획 · 공모한 죄

뉘른베르크 국제군사재판소는 1945년 8월 8일 미국, 영국, 소련, 프랑스 임시정부 대표가 조인한 런던 협정에 바탕을 둔 것이다. 런던 협정에는 국제군사재판소가 특정지역에 한정되지 않는 범죄를 저지른 추축국(樞軸國) 주요 전범들의 소송을 관할한다는 헌장이 포함되어 있었으며, 이후 19개국이 추가로 조인하여 협정 조항을 받아들였다.

국제군사재판소는 ①~③의 기소조항(전쟁범죄)에 따라 개인 또는 단체 · 조직에 대해 유죄를 선고할 수 있었다. 만약 어떤 조직이 유죄로 드러나게 되면 그 구성원이었다는 이유로 개인을 재판에 회부할 수 있었고, 그 조직이나 단체의 범법성(犯法性)은 더 이상 의문시될 수 없었다. 피고는 기소장 사본을 교부받고, 공소 사실과 관련하여 해명을 하며, 변호인단의 도움 아래 증인과 대면하여 반대심문을 펼 수 있었다.

국제군사법정은 각 조인국이 2명의 재판관을 파견하며 그 가운데 1명은 예비법관이었다. 1차 공판은 소련의 I. T. 니키첸코 장군의 주재 아래 1945년 10월 18일 베를린에서 열렸다. 24명의 전(前) 나치 지도자들이 전쟁범죄를 저지른 혐의로 기소되었고, 비밀경찰인 게슈타포와 같은 여러 조직이 성격상 유죄로 기소되었

다. 1945년 11월 20일 이후의 재판은 영국 측 제프리 로런스(뒤에 트리베신과 오크시 남작이 됨) 공소원(控訴院) 재판관의 주재 하에 뉘른베르크에서 열렸다.

1946년 10월 1일 216차에 걸친 공판이 끝난 뒤, 최초 24명의 전범들 중 22명에 대한 판결이 언도되었다.(한국 브리태니커사전 참조)

4) 쿠바조절법은 존슨 행정부 하에서 1966년 11월 2일 미 의회에서 채택되었다. 주요 조항의 내용은 쿠바 이민자를 정치적 난민으로 대우하고, 그들에게 정치적 사면을 제공하기 위해 쿠바 이민자들의 법적 자격을 변경하는 것이다. 이는 쿠바 이민자들에 대한 특별대우로서 영주권을 즉시 획득하게 해 주었다. 카스트로는 이 법안이 반(反)쿠바혁명 세력을 위한 편파적인 법안이라고 비판하고 있다.

5) 엘리안 곤잘레스. 쿠바를 탈출할 때 같이 배에 탔던 엄마와 양아버지는 마이애미 해변을 눈앞에 두고 난파된 배와 함께 목숨을 잃었고, 엘리안은 나머지 생존자 두 명과 함께 가까스로 어선에 의해 구조됐다. 그리고 지금 그 엘리안은 플로리다 해협을 사이에 두고 전개되는 미국과 쿠바의 치열한 신경전과, 미 공화-민주 양당이 펼치는 정치 싸움의 정점에 서 있다.

엘리안이 남 플로리다 해안에서 구조된 날은 1999년 미국 최대 명절인 추수감사절(11월25일)이었다. 쿠바 아바나에서는 엘리안을 돌려보내라는 시위가 계속됐고, 플로리다 해협을 사이에 두고 벌어진 드라마를 더욱 극적으로 만들기라도 하듯 12월 6일은 때마침 엘리안의 생일이었다.

엘리안이 미국 땅을 밟았을 때 마침 미 의회는 휴회기간이었고, 이 여섯 살짜리 꼬마를 둘러싼 논란은 전국적인 이슈가 되지 못했다. 그러나 엘리안의 미국행은 처음부터 정치 쟁점의 불씨를 안고 있었다. 미 정가에서는 쿠바에 대한 경제제재 완화와 양국 관계 개선의 기미가 엿보였다. 공화당 지배 하의 의회, 특히 상원의 분위기가 그런 쪽으로 흘렀다. 대 쿠바 관계 정상화를 추구하던 클린턴으로서는 둘도 없는 기회였다. 그러던 참에 엘리안이 미국 땅을 밟았고, 엘리안의 보호권이 현안으로 부각되면서 양국간의 관계가 다시 껄끄러워진 것이다.

2000년 1월 5일, 미 이민국은 엘리안이 아버지에게 돌아가야 한다는 결정을 내렸다. 엘리안은 하루 전인 4일 마이애미에 있는 쿠바계 미국인 학교에 첫 등교를 했었다. 1월 8일, 미 하원 공화당의 댄 버튼 의원은 미 의회 증언을 위해 엘리안을 소환하겠다고 말함으로써 엘리안의 쿠바행에 제동을 걸고 나섰고, 재닛 리노 법무장관은 1월 13일 엘리안은 쿠바의 아버지 곁으로 가야 한다고 맞섰다. 엘리안을 사이에 둔 공화-민주 양당의 줄다리기가 본격화된 것이다. 의회의 일부 공화당 의원들은 아예 의회 결의로 엘리안에게 미 시민권을 부여하는 법안까지도 구상했었다. 엘리안은 공화-민주 양당의 대립만 불러온 것이 아니다. 플로리다 쿠바인 사회의 반카스트로-반(反)쿠바 운동이 연일 미 언론의 헤드라인을 장식하자 이번에는 미국 내 좌파들의 목소리가 새어 나오고 있다. 쿠바 망명자들이 끝없이 카스트로와 반목만 하고 있다는 것이다.(주간동아 2000년 2월 3일자)

6) 재미 쿠바인 전국재단(Cuban American National Foundation)은 피델 카스트로 쿠바정부의 전복을 목표로 조직된 비영리재단이다. 1981년 호르헤 마스 카노사(Jorge Mas Canosa)에 의해 창립된 쿠바 망명조직 중 최대규모 조직으로서, 미국 공화당과 깊은 연계를 가지고 반(反)쿠바 캠페인을 널리 전개했으며, 반(反)쿠바, 반(反)카스트로 성향의 테러에도 깊이 연루된 것으로 알려져 있다.

7) 약 1,500명의 반(反)카스트로 쿠바 망명객들이 쿠바 남서부 해안 피그만을 침공했다가 실패한 사건(1961년 4월 17일). 미국정부의 재정지원을 받아 공격이 이루어졌기 때문에 이미 심각한 상태에 놓여 있던 미국과 쿠바 사이의 적대관계가 더욱 악화된 것은 물론, 세계적인 냉전의 긴장상태를 더욱 고조시켰다.

8) 성경의 여호수아서에 의하면, 여리고성 전투에서는 군사와 제사장들이 성 주위를 행진하고, 7일째 되는 날 백성들이 제사장들의 나팔소리에 맞춰서 큰소리를 지르자 홀연히 성벽이 허물어졌다고 쓰여 있다. 기적적인 승리를 묘사한 것이다.

9) 미국 본토가 대륙간 탄도미사일로부터 공격을 받을 경우 고성능 요격미사일을 발사해 요격함으로써 미국 본토 전체를 방어한다는 미국의 미사일방어 전략. 국가미사일방어체제라고도 한다. 1991년 소련이 붕괴하면서 미국의 전략방위구상(SDI)이 지구규모 방위전략인 GPALS로 대체되었는데 미사일방어, 즉 MD는 이 지구규모 방위전략의 하나로서 대륙간 탄도미사일로부터 미국 본토 전체를 방위하는 전략적 개념이다. 즉, 소련의 붕괴로 냉전 체제가 사라지고 오히려 이란·이라크·북한·리비아 등 위험국으로 분류된 제3세계 국가들의 국지전 발생 가능성이 높아졌다고 보고, 이들이 유사시 대륙간 탄도미사일을 발사해 미국 본토를 공격할 경우 고성능 요격미사일을 발사해 요격하는 미사일 방위전략이다. 예를 들면 미국의 경제제재를 참지 못한 이란이 비밀 요새에서 미국 본토를 향해 대륙간 탄도미사일(ICBM)을 발사할 경우, 미국은 공격용 군사위성으로 이 미사일을 포착하는 것과 동시에 미국의 주요 미사일기지나 전세계 해양에 포진하고 있는 함대 사령부에 전달, 이란 요새에서 발사된 지 채 20분도 되지 않아 우주공간에서 요격해 버리는 것이다. 그러나 미국의 이러한 미사일 방어 전략은 새로운 군비경쟁을 촉발하는 매개체 역할을 한다는 비판과 함께, 미국에서조차도 개발비용이 너무 엄청나고, 또 MD 자체에도 이상이 있다는 등 많은 논란이 일고 있으며, 러시아나 유럽도 MD 체제에 맞서 이미 공동 미사일방어망을 구축하기로 결정한 상태이다. 한반도에서도 북한이 1998년 대포동 1호 발사에 성공하자 미국은 가상적국인 북한이 대륙간 탄도미사일을 발

사했다는 것을 빌미로 MD 체제 구축의 구실을 찾으려 했다는 지
적이 제기되기도 하였다.(두산동아 백과사전 참조)

10) 기니의 농업경제학자, 민족주의 정치가. 1956년 아프리카
기니-카보베르데 독립당(Partido Africano da Independência da
Guiné Cabo Verde/PAIGC)을 창당했고, PAIGC 사무총장을 지냈
다. 같은 해 그는 아고스티노 네토와 공동으로 앙골라 해방운동을
조직했다.

카브랄은 리스본에서 공부했고, 1948년 이곳에서 재(在)포르
투갈 아프리카인 중앙당의 결성을 도왔다. 1962년부터 PAIGC를
이끌고 포르투갈령 기니의 독립을 위해 공개적인 투쟁을 전개했
다. 1960년대 말에는 포르투갈군에 점령되지 않은 포르투갈령 기
니의 지역에서 실제적인 지배자가 되었다. 1972년 그는 독립을 위
한 단계적 조치의 일환으로 기니 인민위원회를 설립했다. 그러나
그는 PAIGC 본부가 있던 코나크리의 자택 근처에서 암살되었
다.(한국 브리태니커사전 참조)

11) 카스트로는 1947년 쿠바인민당에 입당했다. 그는 1952년
에 실시 예정이었던 하원의원 선거에 쿠바인민당의 아바나시 후
보로 공천되었으나, 1952년 3월 10일 C. P. 소카라스 정부가 전임
대통령 F. 바티스타 장군에 의해 전복되자 하원의원 선거는 취소
되었다. 1953년 초 카스트로는 혁명세력을 조직하기 시작했고, 그
해 7월 26일에는 소규모 조직을 지휘하여 산티아고시에 주둔해

있던 몬카다 군병영을 공격했다. 그러나 이 공격은 실패했다. 체포된 그가 재판 중에 행한 자기변론은 1950년대에 계속해서 책으로 출판되었다. "역사가 나를 사면할 것이다"라는 마지막 말로 유명한 이 진술서는 바티스타 정부의 위헌적·탄압적 행위와 부정부패를 공격하면서, 정치적 자유와 시민적 자유를 요구했다. 또한 그는 토지개혁과 농촌개발계획, 조세신설 반대, 주주와 노동자간의 공정한 이익분배, 산업화정책 등을 주장했다.

12) 1981년 12월 다니엘 포크너(Daniel Faulkner)라는 경찰관 살해혐의로 기소된 언론인이자 정치적 활동가. 그의 범행에 대해서는 격렬한 논쟁이 이어졌으며, 특히 그의 지지자들은 그의 기소가 그의 정치적 활동으로 인한 것이라고 주장했다. 아부자말의 사형구형은 2001년 연방법원에 의해 기각되었다.

13) 2003년 미 해군의 푸에르토리코 비에케스섬 폭격장 폐쇄 결정이 이루어졌다. 한국의 매향리 미 공군 폭격장 완전 폐쇄도 이와 연관해서 인용되곤 한다. 매향리에서는 지난 54년 동안 미군 전투기 폭격소음과 짙은 화약 냄새가 중단되기에 이르렀다. 2005년 8월 15일부터 31일까지 관리권을 한국군에 넘기게 되었다. 54년간 미군 공군 폭격장으로 쓰였던 매향리 농섬. 납이 전국 평균치의 988배나 되고, 카드뮴과 구리 또한 전국 평균치보다 각각 54.6배, 17.1배가 많은 것으로 나타났다. 농섬의 오염은 1.2km 떨어진 마을과 해양생태계에 심각한 영향을 주었을 것으로 예상된

다.(서울신문 발표) 1994년 폐쇄된 하와이 카올라웨(Kaho'olawe) 사격장은 포탄의 70%를 제거하는 데에만 무려 10년이 걸렸으며, 2003년 폐쇄된 푸에르토리코 비에케스(Vieques) 미 훈련장 오염 정화는 최소 20~30년을 예상하고 있다.

14) 아이티에서 사용되는 언어로서, 쿠라사우, 아루바, 보네르에서 사용하는 스페인어와 포르투갈어에서 유래한 파피아멘토어 등이 있다.

15) 누에바그라나다(지금의 콜롬비아, 베네수엘라, 에콰도르를 통틀어 말하며, 1819년 당시 콜롬비아 또는 그란콜롬비아라 했음)와 페루, 상(上)페루(볼리비아)에서 스페인 통치에 맞서 혁명을 지도했고, 콜롬비아(1821~1830)와 페루(1823~1829)의 대통령이자 실질적인 독재자였다.

라틴아메리카의 독립운동은 나폴레옹이 스페인을 침략해 스페인의 정권을 뒤흔들어 놓음으로써 시작되었다. 볼리바르는 여러 반정부 집회에 참가했다. 1810년 4월 19일 베네수엘라 사람들은 공식적으로 스페인 총독의 권력을 빼앗고 총독을 추방했다. 임시정부가 정권을 잡았으며 볼리바르는 원조를 요청하기 위해 런던으로 파견되어 7월 런던에 도착했다. 그의 임무는 영국에게 스페인 식민지 혁명정부의 입장을 설명하고 이에 대한 승인을 받아낸 다음 무기와 지원을 얻어 내는 것이었는데 협상은 완전히 실패로 돌아갔다. 그러나 그는 이미 1806년 베네수엘라 해방운동을 혼자 이끌었다가 실패해 망명 중이던 프란시스코 데 미란다를 설득해 마침내 카라카스로 돌아가 독립운동을 지도하도록 함으로써 혁명의 대의명분을 조장했다.

1811년 3월 베네수엘라에서는 헌법 초안을 만들기 위해 카라카스에서 전국의회가 소집되었다. 오랫동안 신중한 심의를 거친 끝에 1811년 7월 5일 의회는 베네수엘라의 독립을 선포했다. 볼리바르는 신생 공화국 군대에 입대했고, 베네수엘라의 매우 중요한 항구인 푸에르토카베요를 방어하도록 배치 받았다.

볼리바르는 베네수엘라를 떠날 수 있는 여권을 얻어 누에바그라나다(지금의 콜롬비아)의 카르타헤나로 갔으며 그곳에서 그의 첫 번째 위대한 정치보고서인 『카르타헤나 선언(El Manifiesto de Cartagena)』을 출간해 혁명군이 베네수엘라의 스페인 세력을 무너뜨려야 한다고 역설했다. 드디어 볼리바르는 라틴아메리카의 여러 신생공화국에 강력한 정부가 들어서야 한다는 점을 역설하는 투사로서 이름을 얻기 시작했고, 베네수엘라 해방 임무를 맡은 원정군 사령관에 임명되었다. 그는 파죽지세의 원정을 수행하는 가운데 벌어진 6차례 격전에서 스페인군을 무찌르고 수도를 되찾았다. 1813년 8월 6일에는 카라카스에 입성해 '해방자'라는 칭호를 받았으며, 독재권을 손에 쥐었다.

그러나 독립전쟁은 이제 막 시작일 따름이었다. 1814년 그는 다시 한번 스페인군에 패했다. 스페인군은 호세 토마스 보베스가 이끄는, 제대로 훈련받지는 못했으나 실전에서는 난폭하게 잘 싸우는 기병들이었으므로 이들을 물리치기란 불가능했다. 그해 보베스는 카라카스를 점령해 잔인무도한 폭정을 폈다. 이리하여 두 번째 베네수엘라 공화국이 막을 내렸다. 볼리바르는 가까스로 미란다가 걸어간 운명을 피할 수 있었으며, 몇 차례 더 교전을 벌인 뒤 자메이카로 도망갔다. 그는 망명 도중 생애 최고의 기록인 『자메이카에서 띄우는 편지(La Carta de Jamaica)』를 남겼다. 여기에서 그는 칠레에서 아르헨티나, 멕시코에 이르는 웅장한 혁명의 파노라마를 펼쳐 보였다. 그는 "우리를 스페인에게 묶어 놓은 족쇄는 절단되었다"라고 썼으며, 전체 라틴아메리카에 영국을 본보기로 해서 세습상원과 선거로 구성되는 하원 및 종신대통령을 두는 입헌공화국을 세울 것을 제안했다. 특히 마지막 조항인 종신대통령제는 볼리바르가 내내 집착했던 것으로, 그의 정치사상에서 가장 이중적인 면모를 띤 것이다.

볼리바르는 불굴의 집념으로 자신의 과업을 하나씩 이루어 나갔다. 산탄데르에게 부통령 자리를 주어 행정을 관장하도록 했고, 1819년 12월에는 안고스투라에서 소집된 의회에 모습을 나타내어 대통령이자 군사독재자로 승인 받았다. 그는 입법부를 재촉해 새로운 국가의 탄생을 선포하도록 했다. 그란콜롬비아 공화국이 선포되었으나 3일 뒤 콜롬비아 공화국으로 명칭이 바뀌었다. 이 공화국은 3부분으로 이루어진 연방이었으나 베네수엘라와 키토(에콰도르)는 아직도 왕당파의 지배를 받고 있었으므로 문서로만 연방공화국이었다.

그러나 볼리바르는 최후 승리는 자기 것이라는 사실을 알고 있었다. 스페인에서 일어난 혁명은 스페인 왕으로 하여금 자유주의 이념을 인정하지 않을 수 없도록 만들었고, 이로써 자연히 남아메리카의 스페인 세력은 기가 꺾였다. 볼리바르는 모리요에게 휴전협상 개최를 요구했다. 두 전사는 산타아나에서 역사적 회담을 열었고 1820년 11월 6개월에 걸친 전쟁을 끝낸다는 조약에 서명했다. 전쟁이 다시 시작되었을 때 볼리바르는 더 우세한 병력을 가진 자기편이 쉽사리 베네수엘라의 스페인군을 패배시킬 수 있다는 것을 알았다. 카라보보 전투(1821. 6)로 카라카스의 관문이 열렸고 마침내 볼리바르의 조국 베네수엘라가 해방되었다.

그해 가을 쿠쿠타에서 콜롬비아 헌법 초안 마련을 위한 의회가 소집되었다. 이 초안의 조항들은 볼리바르를 실망시켰다. 그는 대통령으로 선출되었지만 그가 창조한 콜롬비아를 지켜 나가기에는 헌법이 너무 자유주의적이라는 생각이 들었다. 그러나 더 급한 임무에 정신을 쏟아야만 하는 동안은 기꺼이 콜롬비아의 나약한 구조를 참고 견디기로 했다. 그는 산탄데르에게 행정을 맡기면서 계속 군사작전을 수행할 수 있도록 허가를 요청했다.

그해 말 에콰도르가 해방되었다. 그의 이번 원정에는 가장 명석한 부하장교인 안토니오 호세 데 수크레의 도움이 컸다. 볼리바르가 오늘날의 에콰도르 수도인 키토의 북쪽 진입로 방어선 산맥에서 스페인군과 싸우고 있을 때, 수크레는 태평양 해안을 출발해 내륙으로 진군해 왔던 것이다. 1822년 5월 24일 볼리바르는 피친차에서 승리함으로써 스페인의 굴레에서 에콰도르를 해방시켰다. 그 다음날 수도가 함락되었고 6월 16일 볼리바르는 수크레의 부대와 합류했다. 볼리바르는 바로 키토에서 자기 삶의 커다란 열정인, 열렬한 여류 혁명가 마누엘라 사엔스를 만났다. 사엔스는 볼리바르를 향한 사랑을 거리낌 없이 인정했으며 전쟁터에서 대통령궁까지 그를 수행했다.

오늘날의 콜롬비아, 베네수엘라, 에콰도르에 걸친 그란콜롬비아의 영토가 스페인으로부터 완전히 회복되었으며, 새로운 정부는 미국에게 승인을 받았다. 이제 페루만이 스페인의 손에 남아 있었다.

볼리바르와 아르헨티나 혁명가 호세 데 산마르틴이 만난 것도 페루 문제 때문이었다. 산마르틴은 볼리바르가 남아메리카 대륙 북부에서 행한 일을 남쪽에서 이루어 낸 사람이었다. 게다가 그는 벌써 리마에 진입해 페루의 독립을 선언한 상태였다. 스페인군은 고원지대로 후퇴했으나 산마르틴은 그들을 뒤쫓을 수 없었으므로 볼리바르에게 도움을 청하기로 한 것이다. 두 사람은 1822년 7월 26일 에콰도르의 항구도시 과야킬에서 만났다 틀림없이 산마르틴은 볼리바르에게 군사원조를 요청하러 왔으며, 그밖에 국경문제와 라틴아메리카 정치의 앞날에 대해서도 의견을 모으고 싶어 한 듯하다. 그러나 두 사람은 각자의 견해와 개성이 달랐기 때문에 공감대가 없었으므로 산마르틴이 볼리바르에게 감화를 주지 못한 것은 이미 정해진 것이나 마찬가지였다. 과야킬에서 돌아오자마자 산마르틴은 리마에서 차지했던 지위에서 물러나 망명길에 올랐다.

1823년 9월 볼리바르는 리마에 도착했다. 스페인군은 리마 동쪽 산맥에 진을 치고 있었으며, 그곳은 난공불락의 요새로 보였다. 볼리바르는 군대를 구성하기 위해 체계적으로 병력, 말, 노새, 탄약을 모았고, 1824년 임시수도인 트루히요를 떠나 높은 산계(山系)를 오르기 시작했다. 후닌에서 벌어진 중요한 첫 전투에서 볼리바르는 간단히 승리했다. 그 다음, 이 작전의 마무리 전투를 유능한 참모장인 수크레에게 맡겼다. 1824년 12월 9일 아야쿠초 전투에서 스페인 부왕은 수크레에게 패배해 볼리바르는 이제 그란콜롬비아와 페루의 대통령이 되었다. 대륙의 작은 부분인 상(上) 페루만이 아직도 왕당파군이 방어하고 있었다. 이 지역 해방 임무는 수크레에게 떨어졌고, 1825년 4월에 그는 임무를 완수했다고 보고했다. 이 새로운 국가는 '해방자' 의 이름을 따서 볼리비아라 부르기로 결정했다.

볼리바르의 또 다른 계획이었던 라틴아메리카 국가들의 연맹은 1826년 결실을 맺었다. 그는 아메리카 공화국들의 나약함을 정확히 깨닫고 있었기 때문에 공화국들이 서로 연맹을 이루어야 한다고 오랫동안 주장해 왔다. 1824년까지 연맹을 위한 조약들이 맺어지고 비준되었다. 이 국가들은 콜롬비아, 페루, 멕시코 및 중앙아메리카, 통일 리우데라플라타 등이었다.

1826년 범아메리카 회의가 파나마에서 열렸다. 그러나 애초 볼리바르의 계획에 비하면 단편적인 성과를 거두었을 뿐이다. 왜냐하면 콜롬비아, 페루, 중앙아메리카, 멕시코만이 대표를 파견했기 때문이었다. 참석했던 4개국은 연맹조약에 서명했고 다른 국가들에게도 가입하도록 권했다. 연맹의 공동 육·해군이 계획되었고, 연합 국가를 대표하는 격년 의회가 구상되었다. 가입국간의 모든 분쟁은 조정을 통해 해결하도록 했다.

비록 파나마 회의는 그 성과가 빈약했지만, 장차 라틴아메리카의 연대와 일치를 위한 중요한 본보기가 되었다. 그러나 볼리바르는 라틴아메리카의 모든 영역을 통괄하려는 기구를 건설하려는 자신의 계획이 겨우 일부만 받아들여졌다는 것을 알았다. 사람들은 주로 개개 민족국가 입장에서 생각한 반면 볼리바르는 대륙적인 입장에서 생각했던 것이다. 국내정책에서 그는 계속 독재적 공화주의자였다. 그는 스스로를 중심점으로 생각했는데 자신의 말이 더 이상 받아들여지지 않게 되자마자 내전이 일어날 것을 예감했다. 1824년부터 지녀 왔던 그의 이러한 예상은 1826년 현실로 나타났다.

베네수엘라와 누에바그라나다는 그란콜롬비아에서 관계 때문에 마찰을 일으키기 시작했다. 이 두 나라의 대표 격인 베네수엘라의 파에스와 누에바그라나다의 산탄데르는 서로 대립해 마침내 내전이 일어났다. 볼리바르는 황급히 리마를 떠났으나 대부분의 정부는 페루가 볼리바르의 3년 통치 종식과 콜롬비아의 영향에서 벗어나는 사실을 환영한다는 것을 인정했다. 볼리바르는 보고타에 있으면서 산탄데르가 쿠쿠타 헌법을 지지하며, 파에스를 폭도로 규정하여 처벌해야 한다고 주장하는 것을 알았다. 그러나 볼리바르는 그란콜롬비아의 결속을 수호하기로 했고, 이에 따라 파에스에게 양보해 1827년 초 그와 화해했다. 파에스는 해방자의 최고 권위에 복종했으며, 볼리바르는 그 보답으로 베네수엘라의 독립을 향한 열정이 정당하다고 인정하는 새 헌법을 만들겠다고 약속했다.

볼리바르는 그란콜롬비아 대통령직을 맡아 전국회의 소집을 요구했으며, 전국회의는 1828년 4월에 소집되었다. 그는 선거에 영향을 끼치기를 거절했고 그 결과 산탄데르가 이끄는 자유주의자들이 다수 의석을 차지하게 되었다. 볼리바르는 쿠쿠타 헌법을 개정하고 대통령 권한도 강화하기를 원했지만 자유주의자들은 그런 노력을 저지했다. 상황은 교착상태에 빠져 들었다. 한편에서 구헌법은 더 이상 효력이 없음을 주장하고, 또 한쪽에서는 헌법 개정은 있을 수 없다는 논쟁 속에서 볼리바르는 그란콜롬비아의 독재권을 쥐었다.

9월 25일 밤 한 무리의 자유주의자들이 음모를 꾸며 대통령궁을 습격했으나 볼리바르는 암살을 피할 수 있었다. 페루는 과야킬을 합병할 의도로 에콰도르를 침략했다. 수크레가 다시 한번 에콰도르를 구했고, 타르키에서 페루군을 무찔렀다(1829). 몇 달 뒤 볼리바르 휘하의 가장 명망 있는 장군 호세 마리아 코르도바가 반란을 일으켰다. 반란은 곧 진압되었으나 볼리바르는 옛 측근들이 하나씩 자기를 배반하는 것에 몹시 상심했다. 프랑스, 영국, 미국이 내정에 간섭했고, 마침내 1829년 가을 베네수엘라는 그란콜롬비아에서 떨어져 나갔다.(두산동아 백과사전, 야후 백과사전 등으로부터 재정리)

16) 에콰도르의 해방자. 스페인으로부터 독립을 쟁취하기 위해 벌인 라틴아메리카 독립전쟁에서 가장 존경받던 지도자였다.

15세 때 베네수엘라와 콜롬비아에서 독립운동에 참여했다. 그는 군사전술에서 탁월한 능력을 발휘했으며, 26세 때는 스페인에 대한 라틴아메리카의 항전에서 베네수엘라 지도자가 되었다. 시몽 볼리바르는 수크레를 장군으로 임명해 그란콜롬비아 남부(지금의 에콰도르)를 스페인으로부터 해방시키려 했다. 수크레는 콜롬비아를 떠나 해안을 따라 과야킬로 진군하면서 그 지역을 콜롬비아 보호지역으로 선포했다. 이어 해발 3,000m나 되는 키토로 계속 진군해, 1822년 5월 21일 그곳에서 스페인 왕실군을 격파했다. 그 뒤 남동쪽으로 진군하면서 볼리바르의 지원과 5,800여 명의 병력으로 콜롬비아 후닌에서 벌어진 전투에서 승리했고(1824년 8월), 페루 아야쿠초에서 9,000여 명의 왕실군을 무찌름으로써 스페인 부왕(副王)이 페루에서 군대를 철수하도록 만들었다. 1825년 초 볼리바르로부터 상(上)페루(지금의 볼리비아)의 차르카스에 남아 있던 일부 저항세력을 내쫓으라는 지시를 받고 이 임무를 완수했다.

수크레는 볼리바르가 작성한 복잡한 헌법에 따라 볼리비아 정부를 세우고 자신은 대통령이 되었다. 대통령은 종신직으로 규정되었으나 에콰도르로 돌아갈 것을 열망했던 그는 단 2년만 그 자리를 맡기도 했다. 그는 볼리비아에 안정된 정부를 세우고자 노력했지만 곧 여러 정파의 공격목표가 되었다. 1828년 추키사카 지방에서 반란이 일어나고, 페루 군대가 볼리비아를 침공하자, 그는 대통령직에서 물러나 에콰도르로 돌아갔다. 그러나 수크레는 다시 요청을 받아 1829년 페루 군대를 물리치고 그란콜롬비아를 지켜 냈다.

그는 또 이듬해 보고타에서 열린 '존경받는 의회'를 주재(主宰)했다. 이는 에콰도르, 콜롬비아, 베네수엘라의 통일·단결을 유지하기 위한 마지막 노력이었으나 결국 실패했다. 수크레는 이 회의에서 고향으로 돌아오는 도중에 암살되었다. 암살자들은 콜롬비아의 군인이자 볼리바르의 정적(政敵)인 호세 마리아 오반도의 앞잡이라는 소문이 있었지만 증거는 발견되지 않았다.(야후 백과사전 참조)

17) 스페인에 대항해 싸우다가 순국한 쿠바 독립운동의 상징적인 인물이다. 쿠바의 해방을 위해 몸 바쳐 활동했으므로 라틴아메리카에서 그의 이름은 자유를 상징하게 되었다. 애국지사로서 그는 쿠바 독립운동을 조직하고 통합했으며, 쿠바의 독립을 위해 싸우다 전쟁터에서 죽었다. 또한 작가로서는 아메리카의 독립과 통일을 주제로 한 산문 및 매우 간결하고 진실한 시로 유명하다.

어릴 때에는 아바나에서 교육을 받았고, 1868년 쿠바에서 혁명적인 봉기가 일어나자 애국지사들에 동조했으며, 이 때문에 6개월 동안의 중노동형을 선고받았고, 1871년 스페인으로 추방되었다. 마르티는 스페인에서 공부와 집필을 계속해 1874년 사라고사대학에서 학위를 받았으며, 1878년 쿠바로 돌아왔다. 그러나 쿠바로 돌아와서도 정치활동을 계속했기 때문에 1879년 다시 스페인으로 추방되었다. 그 뒤 스페인에서 프랑스를 거쳐 뉴욕으로 갔고, 1881년 베네수엘라로 가 그곳에서 베네수엘라 리뷰(Revista

Venezolana)지(紙)를 만들었다. 그러나 이 잡지의 정치노선이 베네수엘라 독재자 안토니오 구스만 블랑코를 자극했으므로 마르티는 그해 다시 뉴욕으로 돌아왔다. 그는 부에노스아이레스의 민족(La nación)지(紙)에 정기적으로 글을 써서 라틴아메리카 전역에서 유명해졌다.

1892년 마르티는 쿠바혁명당을 결성하고 대표(delegate: 그는 당수라는 표현을 거부했음)로 선출되었으며, 뉴욕시를 당의 본부로 삼아 쿠바 침공계획을 세우기 시작했다. 1895년 1월 31일 그는 쿠바의 혁명지도자 막시모 고메스 등을 비롯한 동료들과 함께 뉴욕을 떠나 산토도밍고로 갔다. 이들은 쿠바에 도착해 4월 11일 쿠바 침공을 시작했다. 1개월 뒤 마르티는 오리엔테 지방의 도스리오스 평야 전투에서 전사했는데 그가 일생 동안 고대하던 쿠바 독립은 그가 죽은 지 7년 뒤에 이루어졌다.(한국 브리태니커사전 참조)


18) 브라보강은 텍사스주 경계와 파팔로아판 경계를 따라 흐르는 리오그란데강이다. 멕시코에서는 리오브라보델노르테강이라고 부른다. 이 강은 베라크루스주 남쪽의 멕시코만으로 흘러 들어간다.

파타고니아는 아메리카대륙 남쪽 끝의 약 1,000마일에 걸친 지역에 붙여진 이름이다. 최남단은 육지에서 뻗어 나온 거대한 곶이 바다를 향해 돌출되어 있다. 이곳은 세계에서 가장 큰 세 개의 대양이 서로 마주치는 곳이고 날씨는 흉포하기 이를 데 없다. 파타고니아의 등뼈를 이루고 있는 부분은 안데스산맥으로서 이 산맥은 칠레와 아르헨티나의 국경선 구실을 할 뿐 아니라 동쪽과 서쪽의 전혀 다른 풍토와 기후를 낳게 하는 장벽 역할을 하기도 한다. 태평양 방면의 지역 중 해안 부근은 매우 좁고 견디기 어려울 만큼 황량한 곳이며 끊임없이 몰아치는 폭풍이 강한 곳이다

19) 1998년에는 온실가스 배출문제가 주요현안이 되었다. 1997년 12월 국제연합(UN)의 기후변화에 관한 기초회의(Framework Convention on Climate Change/FCCC) 협약에 가입한 160개국 대표들이 일본 교토에 모여 2012년까지 전 세계의 배출량을 5.2% 줄이기로 합의했다. 유럽연합(EU)은 1990년을 기준으로 하여 평균 8%, 미국은 7%, 일본은 6%, 그리고 그 밖의 21개 공업국도 각국의 사정에 따라 각각 다른 비율로 줄이기로 합의했다. 저개발국에 대해서는 구속력이 있는 약속을 요구하지 않았다. 교토회의가 개최되기 직전에 국제부흥개발은행(IBRD)에서 선진국들이 저개발국의 저비용, 고효율 에너지 계획을 추진하는 데 필요한 비용을 지불하는 내용의 세계탄소계획을 마련하고 있다는 보도가 있었다. 저개발국에서 절약된 온실가스 배출량을 '공동이행' 이라는 제도 하에서 기부국의 배출할당량에 더해 준다는 안이었다. 온실가스 배출감축이 경제에 심각한 영향을 가져올 것이라는 우려가 제기되면서, 전 세계 배출량 가운데 20~25%를 차지하는 미국이 교토의정서를 과연 비준할 것인지 의심을 불러일으켰다. 1998년 말 현재 미국은 아직까지 비준을 하지 않았다.(한국 브

리태니커사전 참조)

20) 1901년 3월의 미국 육군 지출결의서에 첨부된 안건.

이 안건은 미국-스페인 전쟁 이래 쿠바에 주둔해 온 미국군의 철수조건을 명기하고 있으며, 1934년까지 미국-쿠바 관계의 기본적인 틀을 형성하는 데 영향을 미쳤다. 이 안건은 육군장관이었던 엘리휴 룻이 기초하고 코네티컷주 상원의원 오빌 H. 플랫에 의해 상원에 상정되었다.

이 안에 의해 쿠바 영토는 미국 이외의 어떠한 국가에도 이양될 수 없게 되었고, 조약을 체결할 수 있는 쿠바의 권리도 제한되었으며, 쿠바 관타나모만(灣)에 있는 해군기지 사용권도 미국에 양도되었다. 이후의 모든 구체적인 조항들이 이 안건에 따라 제시되었다. 미국의 점령을 종식시키기 위해 쿠바는 이 안건의 여러 항목들을 자국의 헌법에 포함시켰다. 비록 미국이 쿠바에 군사적으로 개입한 것은 1906, 1912년 2번에 불과하지만, 쿠바국민들은 일반적으로 이 안건이 자신들의 주권을 침해하는 것이라고 생각했다. 1934년 선린외교정책의 일환으로 프랭클린 D. 루스벨트 대통령은 미국의 쿠바 해군기지 사용권을 제외한 플랫 수정안의 모든 조항을 폐기한다는 데 동의했다.(한국 브리태니커사전 참조)

21) 라틴아메리카의 경제개발 10개년 계획을 수행하기 위한 협력기구. 1961년 미국 존 에프 케네디 대통령이 제창하여, 그해 8월 미주기구경제사회이사회에서 채택한 푼타 델 에스테(Punta

del Este) 헌장으로 구체화되었다. 미국이 10년 동안 경제원조, 민간투자를 제공하고, 대신 라틴아메리카 여러 나라는 스스로 민주화, 교육제도의 근대화, 생활수준 향상, 공업화의 촉진 등을 실행할 것을 의무화하였다. 이 계획의 원래 의도는 라틴아메리카 여러 나라의 정치정세를 안정시켜 제2의 쿠바혁명과 같은 사건의 발생을 방지하고자 한 것이었으나, 그 뒤에도 쿠데타는 계속 이어졌다. 가맹국으로는 미국과 쿠바를 제외한 라틴아메리카 19개국이 있다.(한국 브리태니커사전 참조)

22) 아마도 마르케스의 『백년 동안의 고독』을 의미하는 것으로 보인다. 구상에서부터 완성까지 15년이라는 세월이 걸릴 만큼, 『백년 동안의 고독』은 마르케스가 환상과 현실을 격리시키고 있는 벽을 제거하는 데 무척 고심한 작품이다.

흔히 작가들은 미리 세워 놓은 계획에 의해서 작품을 쓰면서 그 속에 분석과 증언을 열거하는 경우가 많다. 그러나 마르케스는 자기대로의 분석과 증언으로서의 태도를 배제했고, 대신에 유년기부터 들어 온 전설이나 신화로 포화되어 있는 잠재의식의 인도를 받아 붓 가는 대로 매일매일 주변에서 일어나는 일상생활을 기록했으므로, 그의 작품 속에는 어디까지가 실제 현실이고 어디에서 어디까지가 환상인지를 구별할 수 없는 경우가 대부분이다. 이러한 현실과 비현실, 사실과 환상이 독자의 비위를 거스르지 않고 새로운 하나의 문학적인 경향으로 자연스럽게 받아들여지는 데서 마르케스의 작가적 성공이 이루어진 셈이다.

다시 말해, 그는 환상적 작품에 역사적인 현실 요소를 가미함으로써 자기 특유의 제3의 현실을 창조한다. 예를 들어 『백년 동안의 고독』에 나오는 바나나 농장 참살극은 실제로는 13명이 죽은 사실을 그는 3천 명으로 과장하여 서술하고 있다. 이러한 과장에 대해서 마르케스는 백년 후에는 3천 명이라는 환상적 숫자가 역사적 숫자로 믿어지고, 13명이라는 역사적 숫자는 믿기 어려운 환상적 숫자로 퇴색할 것이라고 대답했다. 즉, 사람들은 자기의 픽션(fiction)을 믿지, 역사를 믿지 않을 것이라고 말했다. 마르케스는 이렇게 해서 역사적 사실을 그 사실과 유사한 이미지들을 통해서 비현실적이고 환상적인 영역으로 이끌어 들이는 것이다.

이러한 창조적 행위를 통해 현실과 환상의 경계를 무너뜨리고 이루어진 제3의 현실은 독자의 개념적 세계를 환상적 세계로 대치시킨다. 바로 이러한 세계가 신비하고도 마술적인 세계라 할 수 있다. 그리고 그 마술은 독자의 무의식이나 잠재의식 속에 엄연한 현실로 받아들여지고 있다.

## 강문구_옮김

연세대 영문학과를 졸업하고 오하이오 대학에서 정치학 석사를, 뉴멕시코 대학에서 정치학 박사 학위를 취득했다. 현재 경남대학교 정치언론학부 교수로 재직중이며, 주로 라틴아메리카와 한국의 정치, 정치변동, 민주화, 사회운동 등에 관해 집필해왔다.

저서로는 『포위된 혁명: 니카라과 혁명 건설 10년사의 현대적 조명』 『자본주의 체제하의 사회변혁운동: 칠레혁명과 아옌데노선연구』 『한국 민주주의의 구조와 진로(개정판)』 『한국 민주화의 비판적 탐색』 『연합종속적 발전이론 연구: 까르도주의 방법론 중심으로』 등이 있다.

역서로는 『맑시즘과 기독교』 『다시 그람시에게로』 『라틴아메리카 정치경제학』(공역) 『농민혁명, 서울프레스』(공역) 『새로운 사회주의의 미래』(공역) 『자유주의 이후』 『민주주의의 부활』 등이 있다.


## 이창우_일러스트

인터넷 매체 레디앙에서 그림을 그리고 있다.

# 들어라 미국이여 카스트로 연설모음집

**첫판 1쇄 펴낸날** 2007년 3월 8일

**지은이** 피델 카스트로
**옮긴이** 강문구 | **일러스트** 이창우
**펴낸이** 강수걸
**펴낸곳** 산지니
**등록** 2005년 2월 7일 제14-49호
**주소** 부산광역시 연제구 거제1동 1493-2 효정빌딩 601호
**전화** 051-504-7070 | **팩스** 051-507-7543
sanzini@sanzinibook.com
www.sanzinibook.com
**편집** 권경옥 · 김은경 | **제작·디자인** 권문경
**인쇄** 대정인쇄


ISBN 89-92235-06-2 03900
값 13,000원